¿Huele a queso o has sido tú?

Mason Brown, J. D.

¿Huele a queso o has sido tú?

Una manera infalible de sobrevivir al cambio cargándole el muerto a otro

Ediciones Martínez Roca

Traducción: Albert Solé
Diseño cubierta: Pep Trujillo
Ilustración cubierta: Xavi Ramiro

Primera edición: junio de 2001
Segunda edición: julio de 2001
Tercera edición: agosto de 2001

Provença, 260, 08008 Barcelona
ISBN: 84-270-2704-4
Depósito legal: B. 38.086-2001
Fotocomposición: Pacmer, S. A.
Impresión: A & M Gràfic, S. L.
Encuadernación: Encuadernaciones Arte, S. A.

Impreso en España – Printed in Spain

Aprende de un maestro motivador cuyo lema —«Cualquier cosa que sea digna de hacerse puede ser aprendida durante la pausa para la publicidad»— ha animado a millones de ejecutivos y mandos intermedios a correr sobre lechos de carbones encendidos durante seminarios de fin de semana, después de lo cual se han apresurado a buscar refugio en el bar del hotel para ligar con fulanas de tres al cuarto o compañeras de trabajo que se sienten solas y tienen ganas de cometer adulterio.

ÍNDICE

Pero primero hizo que cada uno sacara la lengua por entre los dientes dirigiéndola hacia su líder a guisa de señal. Y éste había hecho una trompeta de su trasero.

DANTE ALIGHIERI, 1314

Y por la ventana a entrar se apresuró, y por el hueco de ella sus partes más privadas asomó embutiendo las nalgas hasta los muslos bien asentados dejar; y acto seguido así habló este cura, este Absalón:

Di algo, dulce prometida, que no sé dónde estás.

Y dio Nicolás sin más tardanza rienda suelta a una gran ventosidad, tan tremenda cual si un trueno hubiera sido, que con el impulso por los aires volando casi salió; y una vez que así con su llamada de sirena se hubo preparado, Nicolás a la dulce meta enseguida llegó.

GEOFFREY CHAUCER, 1392

¡No estoy dispuesto a pagar un montón de dinero por este silenciador!

SAM MEINEKE

PARTES DE TODOS NOSOTROS

Los cuatro personajes imaginarios descritos en esta historia –las ratas Soplo y Lárgate, y los «don nadie» Disimula y Cúbrete– han sido concebidos con la intención de que representaran las distintas partes de nuestras naturalezas, casi como si fueran personajes de uno de esos pequeños dramas medievales con moraleja. Son un fiel retrato de todos nosotros, sea cual sea nuestra edad, sexo, raza, nacionalidad o espantosas deformidades genéticas que han echado a perder nuestra personalidad.

A veces podemos actuar como

Soplo

Que siempre es el primero en oler los gases, o como

Lárgate

Que suelta un resoplido de disgusto antes de salir corriendo de la habitación, o como

Disimula

Que finge no haberse dado cuenta de lo ocurrido, esperando contra toda esperanza que las cosas se arreglarán por sí solas, o como

Cúbrete

Que aprende a adaptarse sólo después de haber señalado a todo el mundo con un dedo acusador y haber remitido notas internas de la variedad «cubrirse las espaldas» a todos sus superiores.

LA TROLA DETRÁS DE LA FÁBULA

por Carl Krubenaker, CPA

El hecho de que estés leyendo «La trola detrás de la fábula» de *¿Huele a queso o has sido tú?* me llena de deleite. ¿Por qué? Porque eso quiere decir que el libro ya está impreso y que tú, amigo mío, lo has comprado. ¡Ta-tachán, pequeño! Dólar del señor Cliente, saluda a la cartera del señor Hombre de Negocios. Yo gano. Tú pierdes.

–Pero ¿y si me lo han regalado? –preguntas tú.

–Magnífico –digo yo.

Verás, el caso es que me importa un comino quién de entre tu familia o círculo de amistades ha cometido la insensatez de apoquinar el dinero necesario para adquirir este libro. Si para que ahora esté en tus manos ha sido preciso que tu decrépita abuela fuera despojada de los últimos bonos de guerra que le quedaban, pues qué se le va a hacer. De no haber sido yo, cualquiera de esos desaprensivos que practican la venta a domicilio se las habría apañado para enchufarle diez suscripciones a la revista *Pokémon*.

La única persona que no quiero que lea esta introducción es ese tipo que se pasea por la librería esperando a que su novia compre el último libro de Robert Waller. ¡Usted, señor! Suelte este libro ahora mismo, atontado. Además de ser un tacaño, ya veo que no tiene ni dos dedos de frente. Me da usted asco, créame. Vaya corriendo a la sección de Revistas Internacionales y agénciese un ejemplar de la edición rumana de *Playboy*.

Porque para mí este libro es algo más que una oportunidad de ganar dinero echándole morro al asunto. Recuerdo la primera vez que oí contar su gran historia del «queso» a Mason hace años. Estábamos atrapados en un ascensor lleno de gente y de pronto se me escapó una ruidosa ventosidad. Las risitas entre avergonzadas e incómodas se convirtieron en gemidos ahogados cuando los vapores hediondos no tardaron en demostrar que un pedo no necesita ser silencioso para ser mortífero.

Percibiendo mi consternación, Mason rompió el silencio tan decididamente como lo había roto yo con mi ventosidad. Y las sencillas palabras acerca del queso que pronunció a continuación tuvieron casi tanta resonancia como la emisión de ultratumba con la que yo acababa de agredir a mis desprevenidos compañeros de viaje. No sólo eso, sino que cuando Mason hubo terminado de contar su historia, todo el mundo estaba asesinando con la mirada a un perplejo dominicano como si fuera éste quien había convertido aquel ascensor Otis atascado entre dos pisos en una letrina de acero.

Mason y yo enseguida nos hicimos amigos, y poco después de aquello comencé a emplear sus servicios como autor especializado en temas empresariales. Desde aquel entonces su historia del «queso» ha demostrado su valor en muchas ocasiones, dado que yo suelo tocar mi trompeta posterior en público, especialmente durante esos seminarios motivacionales que duran todo el fin de semana y en los que la única comida que te ofrecen procede de espléndidos buffets. Me encanta la langosta Newburg, pero ella no puede decir lo mismo de mí.

También comencé a rodearme de tímidos, trabajadores invitados, subempleados, profesionales recién contratados y tipos que acababan de ser padres y estaban dispuestos a hacer lo que fuese con tal de cobrar una prima. Podía echarles la culpa de todo y despedirlos tan pronto como algo iba mal. A partir de ese momento, llegar a director general de la Asesoría Empresarial Krubenaker, LLP, sólo fue cuestión de meses.

«¿Huele a queso o has sido tú?» es una fábula en la que cuatro personajes delirantemente divertidos que están atrapados en un laberinto buscan unas reservas de queso cada vez más y más reducidas. Lo realmente asombroso que ha conseguido hacer Mason consiste en utilizar lo que en términos técnicos se conoce como una metáfora. El «queso» no sólo representa esas toses inferiores que tan mal huelen, sino también cualquier metedura de pata de la que se te pueda llegar a considerar culpable: una reducción en las ventas, proveedores que de pronto deciden cobrarte un ojo de la cara, facturas telefónicas tan colosales que la compañía tiene que hacerte el impreso a medida. Cualquier cosa. ¡Eso es lo condenadamente poderoso que tiene una metáfora!

El laberinto también es simbólico. Si no lo fuese, este libro no tendría muchos lectores, dado que cuesta lo suyo encontrar humanos que vivan y trabajen en un laberinto. Los empleados del metro y los mineros se aproximan bastante, desde luego. Al igual que los hombres topo mutantes que se dan auténticos banquetes con la carne de los moradores de la superficie. Pero en conjunto, la verdad es que estamos hablando de un grupo humano bastante reducido. ¡Y además leen poquísimos libros!

Pero, tal como me explicó Mason condescendientemente y como ahora voy a explicarles yo así como quien les hace un favor, el laberinto representa cualquier lugar en el que pases horas haciendo cosas que te colocan en una situación vulnerable. No se trata de un auténtico laberinto, sino más bien de tu trabajo o tu relación o tu familia o tu comunidad. El laberinto es cualquier sitio en el que algo puede salir terriblemente mal.

Muchas personas no saben cómo reaccionar cuando su «laberinto» se vuelve inhabitable debido a los vapores pestilentes del «queso». Se quedan inmóviles, con la boca abierta en una muda exclamación de horror, hasta que el hedor puede con ellos. ¡Pero tú no harás eso, amigo mío! Después de haber leído este libro, habrás aprendido a culpar del olor a esos bobos silenciosos y después podrás pasar a empresas mayores, sin que se te haya quedado pegado ni un solo átomo del hedor a queso rancio que vas dejando tras de ti.

No exagero cuando te aseguro que esta sencilla fabulita ha hecho más bien a la humanidad que cualquier otra obra de literatura en la historia, la Biblia, el Corán y el Mapa del Genoma Humano incluidos. Muchas personas me han jurado que este libro ha salvado matrimonios, carreras e incluso el destino del planeta entero. Eso último es altísimo secreto, por supuesto.

Uno de los muchos ejemplos de la vida real que puedo relatarte, no obstante, procede de un respetadísimo actor cinematográfico y estrella del deporte. Para proteger su anonimato, me referiré a él únicamente por sus iniciales.

Esto es lo que ocurrió: O. J. llevaba varios años siendo el delantero máximo tanteador de la Liga Nacional para un pequeño equipo del norte del estado de Nueva York. Además supo explotar su carisma natural para hacer carrera en las películas y los anuncios de televisión. No tardó en casarse con una hermosa joven de raza blanca, pero ella acabó hartándose de que O. J. alternara los malos tratos conyugales con las más sinceras declaraciones de ardiente amor.

Cuando ella lo dejó, al principio O. J. no supo cómo reaccionar. Después se dedicó a vigilar la casa de su ex esposa escondido entre los arbustos del jardín, y empezó a llevar un diario de sus movimientos. Una noche otro hombre fue a su casa para verla, y alguien salió de entre esos mismos arbustos y les cortó el cuello a los dos. ¡Qué horror!

Naturalmente, la policía sospechaba que O. J. había cometido aquel terrible crimen, así que O. J. trató de escapar a bordo de su Ford Bronco blanco, en una espectacular huida durante la que amenazó con suicidarse antes de que terminara entregándose. Pero poco después contrató a un equipo legal de eminentes abogados que lo persuadió de que escuchara la historia del Queso.

Una vez que hubo leído el libro, el ceño fruncido de O. J. se alisó como por arte de magia. Acababa de comprender que un jurado lleno de negras detestaría a una blanca que había contraído matrimonio con la flor de la virilidad afroamericana. Así pues, lo que hizo fue sugerir que a lo mejor había sido ella la que no jugó limpio. Ese mismo jurado negro se sentiría inclinado a creer que la racista y corrupta policía de Los Ángeles podía haber tratado de hacerle cargar con los muertos. Así pues, argumentaría O. J., a lo mejor habían sido los policías los que no jugaron limpio. Y en cuanto al público, ofrecería una recompensa a quien pudiera dar con los verdaderos asesinos porque, como quería que supiera todo el mundo, él no había sido.

Y dio resultado. Si yo revelara su verdadera identidad, cualquier día de éstos podrías encontrarte con esa antigua estrella del fútbol americano dándole a la pelotita en el campo de golf y viviendo la vida de un hombre libre. ¡Todo gracias a esta historia!

Y ésta sólo es una de las muchas historias de la vida real –de la vida real, ojo, y no inventadas– que he oído contar acerca del poder de la fábula del Queso.

De hecho, tengo tanta fe en este libro que en vez de la paga extra navideña le he regalado un ejemplar a cada uno de mis empleados. ¿Por qué?

Pues porque como hacen otros muchos directores generales de corporaciones que operan a la vista de todo el mundo, siempre recurro a la presión que ejercen los accionistas ansiosos de contener los costes para que oculte el hecho de que soy notoriamente tacaño. Otros hombres podrían considerarlo como algo de lo cual avergonzarse, pero yo no. Estoy orgulloso de ello. Demuestra que soy el macho alfa, chaval, y te diré una cosa y más vale que me creas: si no eres el mandamás, entonces siempre verás el mismo paisaje. Cuando doy a mis empleados un librito de cien páginas pésimamente encuadernado que ha sido producido por mi propia compañía, les estoy diciendo que soy el jefe. Y como a alguien se le ocurra decir ni mú, lo despido apenas veo que empieza a abrir la boquita.

Pero ésa no es la única razón. También lo hice por amor. Si doy primas a mis empleados, ¿quién sabe de qué manera se las gastarán? Para estar con sus críos, quizá. Para disfrutar de unas vacaciones, a lo mejor. Lo que está claro es que cuando se las gasten no estarán pensando en la Asesoría Empresarial Krubenaker, LLP. Y si no están pensando en la compañía, entonces nuestra productividad baja. Y si nuestra productividad baja, entonces puede que todos acabemos en la calle. Y si mis empleados no tienen trabajo empezarán a darle a las drogas y el alcohol, pegarán a sus esposas y ya no cuidarán de sus hijos. ¿Qué clase de monstruo sería yo si permitiese que eso llegara a ocurrir? Ni lo sueñes, amiguito.

En cuanto mis empleados leyeron este libro, tuvo lugar un cambio inmediato en la atmósfera laboral. De pronto todo el mundo sabía que cada empleado mentiría con tal de echar la culpa de sus errores a otra persona. Todos vigilaban y controlaban a sus compañeros de trabajo porque, como aprendemos en este libro, el último en enterarse de que hay un problema siempre es el candidato ideal para cargar con el muerto.

Esta actitud de paranoia y sospecha generalizadas incrementó en un veinte por ciento el número de horas que los empleados pasaban en el puesto de trabajo, lo que a su vez produjo un incremento de un tres por ciento en la productividad. La discrepancia entre las dos cifras probablemente se deba al colosal incremento de los rumores y los cotilleos, pero lo que es a mí eso me importa un pito. Un tres por ciento es un tres por ciento.

Conforme vayas leyendo este libro, descubrirás que: a) es extremadamente corto, y b) está dividido en tres partes. En la primera parte, «Perdiendo el tiempo», unos antiguos compañeros de instituto vuelven a verse las caras en una reunión de ex alumnos esperando mantener una conversación normal, para encontrarse con que uno de ellos les ofrece su excelente imitación del Antiguo Marinero y les cuenta una interminable historia con moraleja que las reglas de la cortesía les obligan a escuchar. La segunda parte, «La fábula del "¿Huele a queso o has sido tú?"», es la ya mencionada e interminable historia con moraleja.

En la fábula, verás que las dos ratas se las apañan mucho mejor dentro del laberinto porque, bueno, son un par de ratas. Las ratas siempre saben apañárselas de una manera u otra. Los «don nadie» son más inteligentes que las ratas, pero esa inteligencia puede convertirse en un impedimento cuando pierden el tiempo haciéndose preguntas como «¿Por qué estoy atrapado en un laberinto?», «¿Quién está introduciendo el queso en este laberinto?» y, quizá, «¿Realmente me hacen tan culón estos tejanos?».

Ese tipo de cavilaciones llevan inevitablemente a la ruina. Los «don nadie» sólo tendrán una pequeña posibilidad de sobrevivir si saben poner su intelecto superior al servicio de sus más bajos instintos.

En la tercera parte, «Una discusión», Mason intenta disimular lo increíblemente corto que es este libro haciendo que los perdedores de la reunión de ex alumnos apliquen las dolorosamente obvias lecciones del libro a sus vidas personales.

Algunos lectores del primer manuscrito de este libro prefirieron parar después de la fábula, sin seguir leyendo, e interpretar el significado por sí mismos. Otros optaron por abandonar la lectura después de «Perdiendo el tiempo», y nunca volvieron a pensar en el libro. Otros, en cambio, prefirieron una muerte lenta y dolorosa administrada por torturadores chinos que han olvidado más cosas acerca del dolor de las que tú nunca llegarás a saber.

Este libro tiene muchísimo que ofrecer. Es el libro ideal para dárselo a tus empleados antes de que los despidas, porque les hará comprender que la ciega aceptación de lo inevitable es infinitamente preferible a cuestionar la legitimidad de la autoridad. No sólo eso, sino que además deja muy claro dónde hay que depositar la responsabilidad de los fracasos empresariales: siempre tiene que recaer sobre los hombros de alguien que no seas tú.

Recuerda: el mero hecho de que hayas cometido el crimen no significa que tengas que ir a la cárcel. Como dijo el famoso abogado Johnnie Cochran y como dice la canción: «¡El que lo huela, que haga algo!».

La defensa ha terminado.

CARL KRUBENAKER
Los Ángeles, California

PERDIENDO EL TIEMPO

Cerritos

Un día brumoso en un Applebee situado en pleno corazón del valle californiano de San Gabriel, no muy lejos del mayor concesionario Toyota del planeta, unos cuantos antiguos compañeros de clase que habían sido grandes amigos en el instituto se reunieron para almorzar. La noche anterior habían asistido a la reunión de su clase, y ahora todos estaban impacientes por comparar sus maliciosas anotaciones sobre lo feo y fracasado que había conseguido llegar a ser el resto del alumnado.

Candi, que había sido una de las personas más populares de la clase y que ahora trabajaba como bailarina exótica en el Rinoceronte de Menta, dijo:

–Cuando me gradué en el instituto nunca pensé que acabaría haciendo lo que hago actualmente. Supongo que por aquel entonces estaba llena de sueños y esperanzas. Creía que ingresaría en la universidad, obtendría una licenciatura en empresariales y terminaría siendo agente de la propiedad. Ahora todo ha cambiado para mí.

—A veces parece como si todo hubiera cambiado, desde luego —asintió Brent con expresión pensativa. Dirigía el negocio de compraventa de automóviles paterno en el Auto-Square y las cosas le iban estupendamente, por lo que sus compañeros lo miraron sorprendidos. No podían saber que cada semana Brent representaba humillantes escenas sadomasoquistas en las que él era «Mi pequeño poni» y un ama vestida de cuero lo montaba implacablemente después de haberle puesto una mordaza de bola roja por brida y una cola que ni el mismísimo Mapplethorpe se hubiese atrevido a colgar en una de sus exposiciones—. Y hay momentos —siguió diciendo—, en los que lo único que quiero es que todo vuelva a ser como era antes. Me asusta lo que me está haciendo el cambio.

Pedro se lo pensó durante unos momentos antes de hablar y luego dijo:

—Pues yo creo que sea cual sea tu situación, un cambio en el estatus quo siempre amenaza con empeorar las cosas.

Con su marcado acento mexicano, Pedro fue diligentemente ignorado. Su orgullo latino se sintió profundamente ofendido por aquel desprecio, y se disponía a decir algo cuando se dio cuenta de que ya iba por los treinta y cinco años de continuas ofensas y racismo sistemático, ¿y qué puñetas podía hacer al respecto a esas alturas? Quedándose callado, se dedicó a cabrearse en silencio.

–¡Cuánta razón tiene el cuate! –dijo Jane, imitando su acento.

Todos rieron. Se alegraban de que Pedro volviera a estar entre ellos. Era la piñata verbal del grupo, y aunque todos se estaban riendo de él, incluso el mismo Pedro tuvo que sonreír.

Después de unas cuantas copas, los amigos empezaron a relatar historias bélicas sobre cómo sus vidas habían ido cuesta abajo, a menudo debido a cambios externos sobre los que no pudieron ejercer ningún control. La mayoría había probado varios métodos con éxito bastante limitado. Sólo una, Sandra, dijo que ella siempre estaba abierta a los cambios, una actitud positiva que atribuyó a su relación personal con Nuestro Señor Jesucristo. El grupo se burló ruidosamente de ella y Sandra se mosqueó y se fue.

Los amigos restantes siguieron quejándose de sus problemas, compadeciéndose de sí mismos y lamentando los infortunados cambios que se habían inmiscuido en sus vidas.

Y entonces Lewis, un orador motivacional con años de experiencia que en el pasado había sido capaz de llenar hasta la bandera el Centro Cívico de Hartford, levantó la mirada de su whisky. Tenía los ojos inyectados en sangre por culpa del atracón de cocaína que se había dado la noche anterior, y los labios cubiertos por una costra rosada debido a las tabletas de antiácido que había masticado a primera hora de la mañana en un vano intento de evitar el vómito.

Gimió quejumbrosamente y después empezó a hablar.

—Antes yo temía el cambio —dijo—. En cuanto mi empresa empezó a ir mal, siempre insistía en que mi secretaria entrara en mi despacho cada mañana y agitara unas cuantas varillas de incienso encendidas para ahuyentar a los malos espíritus. Después cerraba la puerta tras de mí, me sentaba y me quedaba solo en mi despacho, sin hacer nada, esperando oír caer el hacha.

»Pero entonces —siguió diciendo—, oí la fábula del Queso y toda mi vida cambió de repente.

—¿Te importaría explicarte? —preguntó Brent. Se acordaba de la primera vez que entró en uno de los chats creados por los miembros de AOL y descubrió un mundo de fetiches para el que el Auto-Square nunca lo había preparado. Desde aquel entonces, se había aferrado a la esperanza de que algún día oiría una historia que lo sacara de su círculo vicioso de conducta sexual autodestructiva. Brent se dijo que aquella historia quizá por fin haría el milagro–. Bien sabe Dios que necesito un poco de ayuda.

Lewis asintió con visible gratitud y siguió hablando.

–Yo veía el cambio como algo a lo que o bien puedes resistirte, o esperar que Dios haga que las cosas salgan lo mejor posible para todas las personas involucradas. Pero después de haber oído esta fábula, me di cuenta de lo equivocado que estaba. La resistencia no sirve de nada. Y normalmente el cambio siempre arruina la vida de alguien.

»Afortunadamente, y sea cual sea el cambio negativo que está teniendo lugar, siempre puedes encontrar una persona a la que echarle la culpa. Puedes encontrar un panoli que cargue con el mochuelo. Y cuando encuentras a ese panoli, puedes culparlo de todo y fracasar hacia arriba.

En ese momento, Brent enrojeció de vergüenza y deseo. La repetición de la palabra «panoli» combinada con las deliciosamente vergonzosas connotaciones del ser culpado de un fracaso demostraron ser demasiado para él y se levantó pidiendo disculpas. Lewis no prestó atención a la brusca marcha de Brent, y siguió con su historia:

–Tan pronto como oí la fábula, eché un vistazo a la manera en que había organizado mi flujo de trabajo y, para mi gran asombro, descubrí que me las había ingeniado para cargar con toda la responsabilidad si las cosas salían mal. ¡Uf! Eso sí que es cagarla a tope, amigos. Porque vamos a ver, yo tenía cientos de ingenuos empleados pastando a mi alrededor, y aun así, si algo iba mal, sería yo quien pagara el pato. ¿Dónde estaba el error en aquella foto?

»Comprendí que los cuatro personajes de la historia representaban cuatro maneras distintas con las que uno puede enfrentarse al cambio. Enseguida decidí que quería ser el que prosperaba a pesar de los fracasos, o quizá precisamente debido a ellos. Cambié toda mi actitud, y empecé a subir inmediatamente por la jerarquía empresarial.

»Y a medida que me iba aproximando a la cima, dejando tras de mí un reguero de compañeros de trabajo sacrificados, me di cuenta de que mis superiores también tendrían que caer. Por suerte la mayoría era más incompetente que sus subordinados, así que fue cuestión de días atribuir sus meteduras de pata a la fuente apropiada y hacer que los despidieran.

»Pero daba la casualidad de que el presidente de nuestra compañía era inteligente además de poderoso. Yo no veía manera de darle la patada, y fue entonces cuando ocurrió algo maravilloso. El presidente me dijo que invirtiera el fondo de pensiones de la compañía en acciones de Cisco, el fabricante de fresadoras. Por error yo compré acciones de Sysco, un distribuidor de productos alimenticios. A lo largo de ese año y mientras Sysco demostraba ser una inversioncita bastante aceptable, las acciones de Cisco subieron un mil por cien. Los empleados querían ver correr la sangre, naturalmente.

»Pensé que estaba acabado, pero entonces me acordé de lo que me había enseñado la fábula del Queso. Fabriqué desesperadamente un montón de informes en los que decía estar muy preocupado porque temía no haber entendido bien al presidente, y no estar seguro de si él no había querido comprar acciones del fabricante de fresadoras.

»Asombrosamente, esta sencilla estrategia de endosarle el muerto a otro dio resultado. El presidente era uno de esos hombres que se creen obligados a asumir sus responsabilidades, y si había habido un error de comunicación, entonces el culpable era él. Por mí estupendo. Dimitió, casi con toda seguridad esperando ver cómo yo dimitía con él. ¡Ja! ¡Lo que hice fue mudarme a su despacho! ¡Me convertí en presidente-director general!

»Los empleados más listos no tardaron en dejar de

trabajar para mí, pero de todas maneras rodearse de esa gente siempre es peligroso. Me quedé con las mentes de segunda categoría que temían perder su empleo debido a algún error cometido por otra persona. Ah, era maravilloso. Nunca subestiméis el valor de un empleado asustado y tirando a tontito. Puedes ganar guerras con esas personas.

»Naturalmente, algunos de mis empleados intentaron, con distintos grados de éxito, culpar a sus colegas de los reveses que íbamos sufriendo. Algunos incluso intentaron culparme de que a la compañía le estuvieran yendo tan mal las cosas. Pero yo despedí rápidamente a aquellos peligrosos descontentos al tiempo que declaraba que, con toda esa reducción de sobrantes y eliminación de empleados "bajos de moral", estaba aumentando la productividad. Esta sencilla técnica de endosarle el muerto a otro hizo que las acciones subieran como la espuma y me convirtió en un hombre rico.

–Perdona, ¿cómo has dicho que se llamaba tu fábula? –preguntó Candi.

–«¿Huele a queso o has sido tú?» –replicó Lewis.

–Ah, en ese caso seguro que ha sido Pedro –dijo Jane–. ¡Ya sabéis cómo le gustan los frijoles!

Todos se rieron de su pobre amigo mexicano, quien se limitó a torcer el gesto y soportar en silencio aquella nueva y grosera burla racista.

Riendo, aunque todavía un poco despeinado debido al último exceso que acababa de cometer, Brent volvió de los lavabos y dijo:

–Bueno, pues entonces oigámosla de una vez. Cuéntanos la dichosa fábula del Queso.

LA FÁBULA DEL «¿HUELE A QUESO O HAS SIDO TÚ?»

Érase una vez en una tierra muy lejana, que pese a lo exótico de su paradero se parecía un montón a cualquier ciudad-dormitorio del mundo occidental, un extraño grupito formado por cuatro personajillos que vivían atrapados en un laberinto dentro del que buscaban queso.

La mitad de la población del laberinto estaba formada por dos ratas, Soplo y Lárgate. La otra mitad consistía en un par de «don nadie» llamados Disimula y Cúbrete. Los «don nadie» eran tan pequeños como las ratas, pero su aspecto y su comportamiento eran muy parecidos a los de las personas de hoy en día. La única diferencia estribaba en que si se te ocurría llamar enano a cualquiera de ellos, te soltaban una torta. Normalmente la gente no hace eso. A menos que haya nacido en Escocia, por supuesto. Cuando ha estado bebiendo –que es lo que hace la mayor parte del tiempo, naturalmente–, un escocés es capaz de partirte la cara por el mero hecho de que no seas pelirrojo. Escocia es un país espantoso repleto de pelirrojos que siempre están borrachos y se pasean por ahí exhibiendo sus piernas peludas. Pero me estoy yendo por las ramas.

Como es de esperar cuando vives en un laberinto y sólo comes queso, Disimula y Cúbrete estaban terriblemente mal alimentados. Consumían calorías de sobra, pero padecían severas deficiencias vitamínicas que les causaban tremendos sufrimientos. La falta de cítricos en su dieta les había dado unos dientes que hubiesen hecho palidecer de horror incluso a un marinero inglés, tan azotadas por el escorbuto estaban sus bocas. Les dolían las tiroides debido a la falta de sales yodadas, y el más leve roce hacía que se les cayera el pelo y se les desescamara la piel. Aun así, los «don nadie» conseguían sobrevivir en aquel extraño entorno laberíntico.

Su laberinto era tan pequeño que habría sido muy fácil pasar junto a él sin mirarlo. Pero en cuanto te das cuenta de que estás pasando junto a un laberinto de laboratorio dentro del que hay unas personitas realmente minúsculas, entonces seguro que te fijas en él. De hecho, la mayoría de las personas habrían dejado salir a los «don nadie», horrorizadas ante sus lamentables condiciones de vida e indignadas por la presencia de ratas en el

SOPLO
LÁRGATE

DISIMULA
CÚBRETE

laberinto. Y después muchas personas hubiesen llevado a esos «don nadie» a los debates televisivos y habrían ganado auténticas fortunas exhibiéndolos. Pero otras insistirían en que las autoridades debían buscar y detener al monstruoso científico que había perpetrado aquel impío experimento.

Desgraciadamente, aquellos pobres «don nadie» no tuvieron tanta suerte. Habían sido encerrados en un laberinto por una fuerza invisible, desconocida e implacable que parecía considerarse más allá del Bien y del Mal. Sus propósitos seguían siendo totalmente desconocidos para ellos.

Pero si les hubieran preguntado al respecto, Disimula y Cúbrete hubiesen respondido que el cómo y el porqué de su existencia les traían totalmente sin cuidado. Una vez que hubieran superado el terror inicial de ver a un gigante monstruoso como tú, te habrían dicho que te fueras a tomar viento (aunque probablemente de una manera muy educada y afable, no fuera a ser que te cabreases tanto que los aplastaras a los dos). ¿Que por qué te habrían dicho eso? Pues porque nuestros «don nadie» estaban convencidos de que su vida era un auténtico chollo.

Cada día, Disimula y Cúbrete despertaban, se ponían sus chándals y sus zapatillas deportivas, cadenas de oro y anillos de sello, y después salían de sus casitas y corrían por el laberinto en busca de queso. Al principio vigilaban a las ratas con cauteloso recelo mientras deambulaban por los pasillos sumidos en la penumbra, pero no tardaron en darse cuenta de que las ratas también les tenían miedo, especialmente cuando Disimula y Cúbrete empleaban pequeñas linternas para alumbrarse el camino. Además, y por si acaso a Soplo y Lárgate se les ocurría ponerse plastas, Disimula y Cúbrete siempre iban armados con un par de tornillos muy largos y afilados que podían ser utilizados como lanzas caseras.

El laberinto era un dédalo interminable lleno de palancas y trampillas: algunas dispensaban suculentos trozos de queso, en tanto que otras emitían devastadoras descargas eléctricas. Había salas sin salida y muchos oscuros pasajes que terminaban en un muro. Incluso había una sección sacudida por las vibraciones de una ensordecedora música rap de la cual parecía particularmente sensato mantenerse alejado, sobre todo después de que hubiera anochecido.

Las ratas, Soplo y Lárgate, localizaban el queso mediante el método de la prueba y el error. Soplo y Lárgate recorrían un pasillo tras otro, confiando en la suerte para que las condujera hasta el queso. Tiraban de las palancas y se grababan en la memoria cuáles abrían trampillas llenas de enormes quesos y cuáles les provocaban convulsiones involuntarias cuando la corriente producida por una batería de coche de doce voltios atravesaba sus cuerpos.

Soplo era de una cierta ayuda, porque en ocasiones su sensible nariz podía oler el queso, y de esa manera le decía a Lárgate que se adelantara y accionase las palancas. A Lárgate le encantaba ser la primera en llegar al queso, pero no era ninguna idiota. Si presentía que podía haber problemas, volvía corriendo y dejaba que Soplo fuese delante. La mayoría de las veces, no obstante, su sistema funcionaba bastante bien. Como es de esperar en unos roedores que han evolucionado para vivir en comunidad dentro de un túnel, Soplo y Lárgate no tardaron en aclimatarse a su nuevo entorno y circulaban a gran velocidad por los pasillos.

Al igual que las ratas, el par de «don nadie», Disimula y Cúbrete, también habían comenzado usando el sistema de la prueba y el error. Pero además de eso también trataron de hacer mapas del laberinto. Sus dotes como dibujantes resultaban más apropiadas para unir esos puntitos que forman diagramas en la parte de atrás de las cajas de cereales que para cualquier intentona cartográfica mínimamente seria, así que no tardaron en agotar sus escasas reservas de paciencia. Si bien agradables desde la perspectiva de la estética cubista, sus amasijos de líneas entrecruzadas no servían de nada como herramientas direccionales.

Pero los «don nadie» no se dieron por vencidos. Recurrieron a sus experiencias pasadas, y trataron de utilizar los principios del método científico para que los guiaran hasta más queso.

Cada vez que descubrían un poco de queso en el laberinto, tanto Disimula como Cúbrete trataban de acordarse de todo lo que habían hecho justo antes de encontrar el preciado manjar. Al día siguiente trataban de reproducir exactamente todo lo que habían hecho la víspera con la esperanza de poder duplicar sus resultados. Disimula, por ejemplo, cada mañana trataba de tropezar con algo, ya que el primer día en que habían encontrado queso dentro del laberinto estuvo a punto de hacerse puré el dedo pequeño del pie al tropezar con la pata de la cama. Cúbrete, por su parte, nunca dejaba de entrar en el laberinto repitiendo constantemente sílabas carentes de sentido, una actividad que interrumpía únicamente cuando salía de él o se le formulaba una pregunta directa.

Esos elaborados rituales y sus resultados eran compilados y registrados de manera tan concienzuda en pequeños cuadernos que la frontera entre el pensamiento mágico y la ciencia ya casi había desaparecido por completo.

Aun así, Soplo, Lárgate, Disimula y Cúbrete se las ingeniaron de alguna manera para encontrar enormes bloques de queso en una gran sala identificada como «Depósito de Queso D».

Para ser una mera recámara dentro de un laberinto de laboratorio, el Depósito D era inmenso: medía casi un metro de largo por otro tanto de ancho, con sus buenos cuarenta centímetros de distancia entre el suelo y el techo. En el centro de la sala se elevaba una gigantesca rueda de queso Stilton. De este cubo central irradiaban diminutos cubículos, cada uno de ellos perfectamente provisto de equipo de oficina en miniatura, carteles «No te vayas que ahora vengo» y juguetes de gomaespuma de la gama Dilbert que servían para descargar la tensión.

Como el queso del Depósito D no estaba conectado a ningún cable eléctrico, las ratas y los «don nadie» se acostumbraron a ir allí cada día y no tardaron en establecer una rutina. Las ratas, Soplo y Lárgate, siempre eran las primeras en aparecer, sin variar nunca la ruta que habían empleado cuando encontraron el Depósito de Queso. Nada más llegar al enorme bloque de queso comenzaban a mordisquearlo ferozmente hasta saciarse, engullendo tremendos pedazos que arrancaban con sus grandes dientes delanteros.

Los primeros días, Disimula y Cúbrete también llegaban temprano por la mañana, más o menos a la misma hora que las ratas, pero éstas les bufaban y les lanzaban miradas amenazadoras cuando los «don nadie» trataban de aproximarse al queso antes de que ellas hubieran terminado de comer. El primer día tuvieron que darle un buen repaso a la nariz de Soplo antes de que las ratas aprendieran a respetarlos lo suficiente para que no se atrevieran a atacarlos.

La situación se volvía ligeramente más tolerable para los «don nadie» cuando las ratas estaban durmiendo, por lo que adquirieron el hábito de ir llegando al Depósito de Queso un poco más tarde cada mañana, hasta que finalmente terminaron llegando a él alrededor de las diez y media o las once. Disimula y Cúbrete cortaban trozos de queso y después se escabullían silenciosamente hacia los cubículos más alejados, esperando no despertar a las ratas.

Los cubículos disponían de diminutas terminales de ordenador que tenían el tamaño ideal para los «don nadie». Disimula enseguida empezó a imprimir tarjetas de negocios en las que ponía «Disimula, Administrador General, Depósito de Queso D». Después se dedicó a utilizar el correo electrónico para invitar a sus amistades a que vinieran a probar el queso. Éstas siempre rechazaban cortésmente la oferta, recordándole que vivía prisionero en un laberinto habitado por ratas monstruosas, pero aun así le agradecían efusivamente su amable invitación.

Cúbrete empezó a buscar la mejor manera de que unas personitas enanas que eran realmente muy, muy diminutas pudieran derrotar a ratas de laberinto gigantes en un combate a muerte, pero la palabra clave «enano» no tardó en conducirlo hacia un suministro aparentemente inagotable de sitios pornográficos para liliputienses. Informó inmediatamente de este fascinante descubrimiento a Disimula mediante el correo electrónico (a pesar de que lo único que los separaba era un delgadísimo tabique de cartón y habrían podido hablarse), y los dos pasaron horas disfrutando delante de sus teclados.

Disimula y Cúbrete no tardaron en establecer un cómodo ritmo de atracones de queso seguidos por largas sesiones de esparcimiento pornográfico. La mayoría de los días, los únicos sonidos que podían oírse en el Depósito D eran el golpeteo de las teclas y la respiración de las ratas. Pero los «don nadie» estaban tan absortos en la red que no tardaron en olvidarse de los ojos rojizos que les lanzaban miradas asesinas desde el otro extremo del depósito.

Un día mientras estaban sentados tecleando, semanas de comer únicamente queso terminaron surtiendo efecto y Disimula se tiró un pedo realmente prodigioso. Cúbrete se echó a reír y dijo:

—¡Oh, Jesús, José y María! ¿Necesitas un poco de papel higiénico?

Disimula, que se había puesto rojo y estaba muy avergonzado, no dijo nada.

Viendo lo mal que lo estaba pasando Disimula, Cúbrete imprimió un póster del tamaño de una banderola y lo grapó a la pared. El póster decía:

DEMASIADO QUESO TE VUELVE GASEOSO

Enfurecido, Disimula empezó a levantarse de su asiento para encararse con su sarcástico compatriota, pero semanas de comer queso y más queso combinadas con un estilo de vida casi completamente sedentario se habían ensañado con su cuerpo. Su tremenda corpulencia se reveló excesiva para él y Disimula se dejó caer pesadamente en su sillón de oficina, donde compuso rápidamente el siguiente correo electrónico: «¡Te voy a partir la cara!».

Las ventosidades no tardaron en menudear. Semanas y semanas de comer únicamente productos lácteos solidificados habían producido un síndrome flatulencial que habría hecho palidecer al gastroenterólogo más veterano.

Cada vez que Disimula se elevaba por encima del cuero de su asiento bajo los efectos de otro atronador revientapantalones, Cúbrete se burlaba implacablemen-

te de él desde el otro lado de la pared de su cubículo. A su vez, cuando era Cúbrete quien hacía sonar el clarín posterior, Disimula lo acosaba con una serie de correos electrónicos progresivamente más feroces, que Cúbrete archivaba diligentemente en una carpeta etiquetada «Mis documentos laborales inconfesables».

Pese al incesante intercambio de insultos, ambos estaban muy satisfechos con su rutina. Y los dos adoraban el queso, por mucho que el sentimiento no fuese mutuo. Sus abdómenes distendidos y gemebundos daban sobrada prueba de ello.

Una mañana, sin embargo, las ratas entraron en el Depósito de Queso D para encontrarse con que el queso había desaparecido.

Eso casi supuso un alivio para ellas. Hacía semanas que se habían dado cuenta no sólo de que la reserva de queso se iba reduciendo, sino de que además la cámara había adquirido un nuevo y repulsivo olor. Ahora que el queso había desaparecido, ya no tendrían que volver a aquel asqueroso depósito.

Sus instintos les dijeron lo que debían hacer a continuación. Las ratas estaban muertas de hambre, y decidieron esperar la llegada de Disimula y Cúbrete con el plan de hacer pedazos sus cuerpecitos de «don nadie».

Afortunadamente para Disimula y Cúbrete, cuando entraron en el Depósito de Queso D más avanzado el día, los barrigones extra que habían adquirido hicieron que Soplo y Lárgate los encontraran casi excesivamente grandes para ser una buena presa. Las ratas sufrieron un instante de vacilación, el cual fue aprovechado por Disimula para soltar una ventosidad tan potente y abrasadora como el siroco de los desiertos. Eso hizo que la sensible nariz de Soplo se rebelara contra él, y empezó a toser. Comprendiendo que el elemento de la sorpresa se había perdido, Lárgate pasó como una exhalación junto a los «don nadie» y desapareció en las profundidades del laberinto con una jadeante Soplo pisándole los talones.

—¿Qué mosca les habrá picado? —preguntó Disimula.

—¿No será que están huyendo de esa sirena de ambulancia a la que llamas trasero? —replicó Cúbrete sarcásticamente.

—¡Ya está bien! —chilló Disimula—. ¡Acabas de ganarte otra nota interna!

Cúbrete sonrió mientras pensaba en otra carta llena de furia que archivar en su carpeta. Aún conseguiría sacar un ascenso de todo aquello. Cosas más raras se habían visto, ¿no? Quizá incluso podría demandar a Disimula y obtener con ello una sustanciosa indemnización, eso suponiendo que consiguiera averiguar en qué parte de aquel maldito laberinto estaban situados los tribunales.

Cúbrete tenía muchas cosas en que pensar, y un cerebro del tamaño de una nuez con las que pensarlas. Pero no tardó en tener todavía muchísimo más en que pensar, ¡porque un instante después se dio cuenta de que el queso había desaparecido!

Tanto Cúbrete como Disimula habían estado tan absortos en la pornografía de Internet y los mensajes insultantes que ninguno de los dos había imaginado que el queso pudiera llegar a terminarse. Esa falta de imaginación resultaba particularmente asombrosa, dado que en un momento dado la reserva de queso había ocupado prácticamente toda la sala y ya hacía bastantes días que había dejado tras de sí un gran espacio vacío que Disimula había estado tratando de subarrendar a cualquier inquilino que se interesase por él.

—¡Nooooooooooooooooooooooooooooooooooooooooooooooooooooooo! —gritó Disimula, como un universitario que acaba de comprender que sus padres no van a pagar ni una sola factura más—. ¡Mi queso! ¡Mi queso! ¡Mi amado queso! ¡Oh, oh, oh! ¿Por qué, por qué, por qué? ¡Oh, Dios, por qué, por qué y por qué!

Disimula siguió gritando más o menos por el estilo durante varios minutos, con sus aullidos de agonía resonando en los oscuros pasillos del laberinto y llenándolos de ecos. Enfurecido por la terrible injusticia de que aca-

NOooooooooooooooo

baba de ser objeto, corrió de un lado a otro del Depósito de Queso D lanzando imprecaciones dirigidas contra Dios, el hombre, la rata y el enano por un igual. Estaba tan sulfurado que agujereó con un puñetazo la frágil separación del cubículo de Cúbrete.

Cúbrete oía los furibundos gritos de Disimula, pero optó por ignorarlos. El queso había desaparecido. Cúbrete optó por ignorarlo también. La conducta de las ratas era obvia. Querían cazarlos y les habían tendido una emboscada. Cúbrete también optó por ignorar ese otro hecho. Todo era demasiado horrible. Lo que hizo fue buscar refugio en su «rincón feliz», donde nada en el mundo podía llegar hasta él salvo aquellas preciosas gemelas liliputienses suecas que trabajaban como azafatas y atendían absolutamente todas sus necesidades. Ahhhhhhhh.

Finalmente, Disimula dejó de chillar y se desplomó delante del cubículo de Cúbrete quejándose de que sentía un intenso dolor que le subía y le bajaba por el brazo izquierdo. Como era de esperar, el esfuerzo de tanta actividad le había provocado un leve ataque al corazón.

Cúbrete le dio una aspirina, pero aparte de eso no había nada más que pudiera hacer. Nada indicaba que existiera un hospital en el laberinto, y tampoco tenían ninguna razón para creer que dispusieran de alguna clase de seguro médico. Su «Jefe», quienquiera que fuese, sólo parecía dispensar trozos de queso como salario, y además los dispensaba de manera bastante caprichosa.

Mientras Disimula gemía suavemente en el suelo, recuperándose de su ataque, Cúbrete le dio la espalda y sonrió. No cabía duda de que Disimula se había metido en un buen lío. Había bastantes probabilidades de que muriera. Aun suponiendo que no muriese, el agujero que había hecho en la separación evidenciaba inestabilidad mental. Cúbrete sacó disimuladamente unas cuantas fotos del daño y las añadió a su carpeta.

Pero eso no alteraba el hecho de que el queso había desaparecido. Sin él ambos estaban condenados.

Los «don nadie» volvieron a examinar la sala para asegurarse de que el queso realmente había desaparecido, pero su búsqueda no dio ningún resultado. El queso no tiene nada de juguetón. Nunca se esconde en ningún sitio. Cuando se ha ido, se ha ido.

Disimula compuso un patético correo electrónico –«Envíen más queso»–, pero en cuanto hubo terminado de redactarlo no se le ocurrió nadie a quien poder enviárselo. Después dejó varias súplicas desesperadas en los grupos de noticias alt.queso con la esperanza de obtener alguna respuesta.

Los «don nadie» se sumieron en una profunda depresión. Ambos habían hecho planes a largo plazo que dependían de la presencia del queso: Disimula quería llegar a ser un gran escultor del queso y había empezado a seguir cursos por correspondencia electrónica con vistas a ello, en tanto que Cúbrete había planeado usar una parte del queso en un trueque por correo para que le enviaran una novia desde Europa del Este. Ahora todo aquello se había esfumado.

Además, los dos temían por sus vidas. Con el queso desaparecido, las ratas seguramente se volverían mucho más osadas a la hora de ir en busca de alimento. ¿Qué posibilidades podían tener ellos contra unos roedores tan feroces? Su única esperanza era recibir más queso de quienquiera que hubiese aprovisionado el laberinto.

Mientras contemplaban melancólicamente el espacio vacío, Cúbrete se tiró un pedo silencioso pero mortífero y otro hecho irrefutable quedó terriblemente claro: el Depósito de Queso D también olía mal.

Disimula se indignó muchísimo ante aquella transgresión de las normas de educación, y soltó a su vez una sarta de juramentos y obscenidades que no guardaban ninguna proporción con la falta odorífera. Cúbrete se limitó a reír suavemente, y antes de que se fueran para volver a casa, escribió en la pared:

El que lo huela, que haga algo

Al día siguiente Disimula y Cúbrete volvieron al Depósito de Queso D. Por descontado que ninguno había admitido ante el otro que iban en pareja porque temían a las ratas. Los dos charlaban animadamente, como si el queso fuera a estar esperándolos allí por arte de magia. Ambos habían ejecutado a conciencia todos los rituales que habían utilizado con tanto éxito el día en que encontraron el queso por primera vez, así que se sentían sorprendentemente confiados y seguros de sí mismos.

Cúbrete comentó que llevaba la mayor parte de la mañana hablando en lenguas. Disimula rió y afirmó que se había hecho puré el dedo pequeño del pie estrellándolo deliberadamente contra la pata de la cama justo después de levantarse, lo cual era un ritual que había confesado practicar después de que ambos hubieran descubierto el Depósito de Queso D.

Cuando llegaron allí, sin embargo, el Depósito de Queso D se encontraba tan vacío como antes. Los «don nadie» lo contemplaron con mudo horror.

–¡Maldición! –chilló Cúbrete–. ¿Por qué demonios se me habrá ocurrido mantener una conversación normal contigo? Mi rutina había sido muy específica: sólo balbuceos incomprensibles hasta que llegara aquí.

—Quizá no me hice lo bastante puré el dedo —dijo Disimula.

—¡Quizá no! —resopló Cúbrete.

—¡Eh, que yo no te he hecho hablar! —chilló Disimula a su vez.

No tardaron en formular un plan. Volvieron a sus casas y partieron de cero, esta vez siguiendo sus antiguas fórmulas todavía más rigurosamente. Cúbrete comenzó a murmurar sílabas carentes de sentido más deprisa que un subastador japonés, y Disimula se fracturó el dedo pequeño del pie con la ayuda de la pata de la cama.

Pero cuando volvieron a la sala, seguía sin haber queso.

—¡Tenemos que volver a hacerlo! —declaró Cúbrete.

Disimula se miró el dedo hinchado y ennegrecido y, mediante unas cuantas palabras cuidadosamente escogidas, dejó muy claro que no comulgaba con semejante idea.

Acto seguido el siempre hiperactivo cerebro de Disimula tomó el mando y empezó a formular preguntas como «¿Por qué estamos en este laberinto?», «¿De dónde ha salido todo ese queso?» y «¿Qué es lo que quieren realmente las mujeres?».

Cúbrete miró a su colega y comprendió que no podía esperar mucha ayuda de él. Vivían en un laberinto infestado de ratas, y eso era todo. Las preguntas no los llevarían a ninguna parte. La razón gozaba de un prestigio claramente inmerecido. ¡Cúbrete sólo quería vivir, maldición, vivir!

—¿Dónde están Soplo y Lárgate? —preguntó.

—¿Qué más da dónde puedan estar? —replicó Disimula—. Son roedores. Con diminutos cerebros de roedor.

—Y con unos gigantescos dientes de roedor —replicó Cúbrete a su vez—. Tenemos que hacer algo. ¡Hemos de prepararnos para su inevitable ataque!

Disimula reflexionó unos instantes antes de volver a hablar.

—No —dijo finalmente—. El queso volverá. Somos un par de recursos científicos de muchísimo valor. Todo el mundo ha oído hablar de ratas metidas en laberintos, pero nadie ha oído hablar nunca de un par de «don nadie» metidos en un laberinto. Quienquiera que controle este laberinto nunca permitirá que nos ocurra nada malo. No necesitamos hacer absolutamente nada.

Cúbrete lo anotó en su carpeta. Aunque por sí mismo no fuese una amenaza, sí que era un claro ejemplo de incompetencia ejecutiva. Quienquiera que controlase aquel lugar no tardaría en percatarse de que había que despedir a Disimula.

Mientras tanto, Soplo y Lárgate se alegraban de haber podido dejar muy atrás la fétida atmósfera del Depósito de Queso D. Las ratas olvidaron rápidamente su fracasado intento de comerse a la pareja de «don nadie», y corretearon por los pasillos pensando en una sola cosa: comida.

Recorrieron el laberinto, soltando chillidos de excitación cada vez que llegaban a un Depósito de Queso. La mayoría de aquellos lugares estaban vacíos. Pero finalmente terminaron llegando a una espléndida sala, llena de una inmensa reserva de chiles con queso: ¡la Estación de Chiles G!

Soplo y Lárgate se lanzaron sin perder un instante sobre los chiles con queso y descubrieron que nunca habían comido nada tan delicioso, ya que los chiles estaban reforzados con carne picada. Después de haberse puesto ciegas de chiles, las dos ratas se volvieron la una hacia la otra para intercambiar miradas extasiadas. Habían probado la carne, y en el futuro no se conformarían con menos.

En el Depósito de Queso D, Disimula y Cúbrete seguían ocupados con sus más que pasables imitaciones de Hamlet mientras flotaban a la deriva en un mar de dudas que habrían impresionado incluso al melancólico danés. Cúbrete tan pronto quería echar a correr por el laberinto como pensaba en levantar una empalizada alrededor del área de queso vacía. Disimula insistía en que debían seguir comportándose como si no hubiera pasado nada, pero solía prorrumpir en terribles ataques de llanto que duraban horas.

Los retortijones del hambre no tardaron en hacer acto de presencia, y los estómagos vacíos de los «don nadie» gimieron conforme las nubes de gas iban floreciendo en aquellos lugares donde antes había comida. Disimula se dobló sobre sí mismo en un súbito acceso de dolor mientras dejaba escapar una burbujeante y ruidosa serie de eructos traseros que nada tenían que envidiar a los hervores de una ciénaga de barro caliente.

–¡Jesús, menuda peste! –protestó Cúbrete.

–El que lo huela, que haga algo –declaró Disimula, señalando lo que el mismo Cúbrete había escrito en la pared.

Cúbrete soltó una risita, y después cogió una roca bastante afilada y fue hacia Disimula.

–¡Oh, Dios, no! –gritó Disimula.

Pero en vez de matar a su odiado compañero de depósito, Cúbrete se limitó a escribir un ingenioso aforismo en la pared:

AL POBRE Y AL PECADOR,
SE LOS CONOCE POR EL OLOR

Disimula miró a Cúbrete con el ceño fruncido.

–¿Se puede saber por qué siempre estás escribiendo chorradas en la pared? Tenemos una impresora. Tenemos correo electrónico. Si lo único que querías era decirme algo, me tienes delante de ti. ¿A qué viene tanto ensuciar paredes?

—¿A qué viene tanto ensuciar paredes? —se burló Cúbrete.

—Oh, Jesús. Ahora te ha dado por jugar a hacerte el eco —dijo Disimula con abatimiento.

—Oh, Jesús. Ahora te ha dado por jugar a hacerte el eco —dijo Cúbrete.

—¡Estoy atrapado en un laberinto sin queso, con ratas hostiles y un imbécil que está repitiendo todo lo que digo! ¡No me extraña que ayer me diera un ataque al corazón! —chilló Disimula.

—¡Estoy atrapado en un laberinto sin queso, con ratas hostiles y un imbécil que está repitiendo todo lo que digo! ¡No me extraña que ayer me diera un ataque al corazón! —prosiguió Cúbrete.

Disimula guardó silencio. Estaba demasiado cansado para jugar al juego de Cúbrete. No había manera de ganarlo.

Cúbrete reconoció su victoria y, olvidándose del juego, decidió soltar un discurso motivacional.

—Tengo un sueño —dijo—. Sueño que salimos de esta vieja estación vacía y encontramos más queso en otro lugar. Tengo un sueño. Sueño que un día los «don nadie» y las Ratas tirarán de las palancas sin ningún temor a la electrocución. Tengo un sueño. Sueño que un día los corredores de este laberinto se convertirán en torrentes amarillos de cremoso queso brie. ¡Tengo un sueño! Sueño que un día animadoras asiáticas que aún no han llegado a la mayoría de edad legal querrán embadurnarme de aceite todo el cuerpo utilizando técnicas sexuales hasta entonces desconocidas en el mundo occidental. ¡TENGO UN SUEÑO! Pero estoy divagando. Oye, o salimos de aquí o estamos jodidos. Es simple sentido común.

—Es simple sentido común —repitió Disimula con voz aflautada.

—¿Estás intentando jugar al juego del eco conmigo? —preguntó Cúbrete con incredulidad.

—¿Estás intentando jugar al juego del eco conmigo? —dijo Disimula con una sonrisa. Ahora tenía a Cúbrete justo donde quería tenerlo. O eso pensaba él.

—Me llamo Disimula y soy maricón —declaró Cúbrete triunfalmente.

Disimula no volvió a abrir la boca.

A veces, Cúbrete fantaseaba que Soplo y Lárgate ya habían encontrado más queso. En otras ocasiones creía oírlas fuera, escondidas y al acecho, esperando el momento en que él o Disimula se arriesgarían a salir. Ninguno de los dos se atrevía a volver a casa y, como el Depósito de Queso D carecía de aseos, la atmósfera se fue volviendo progresivamente más insoportable.

Así pues, disimula y Cúbrete desmantelaron sus cubículos, los convirtieron en barricadas y ocultaron astutamente trampillas sobre pozos llenos de afiladas estacas de madera embadurnadas con heces. Pero sus excelentes medidas defensivas no podían remediar su falta de queso.

Cúbrete dejó su currículo en monster.com, pero como poseía muy pocas cualificaciones que fueran cotizables en el mercado aparte de la capacidad de bajarse fotos guarras de la red y de sus dimensiones extremadamente minúsculas, no consiguió suscitar mucho interés. La única vez que obtuvo una respuesta de un posible empleador, el interés de éste se evaporó rápidamente en cuanto Cúbrete no pudo concertar una cita porque estaba atrapado dentro de un laberinto habitado por ratas feroces.

El hambre y el miedo empezaron a hacer sentir sus efectos. Los «don nadie» desarrollaron insomnio. Cada vez que conseguían conciliar el sueño despertaban gritando, convencidos de que estaban siendo devorados por ratas gigantes. Privados del sueño, discutían entre ellos y se peleaban constantemente, lanzándose insultos a la más leve provocación.

Sus vidas sexuales también se resintieron. A pesar de que disponían de abundante pornografía gratis a través de Internet, ni Disimula ni Cúbrete podían mantener una erección durante más de un momento, aunque no por falta de intentarlo. La tenacidad con la que trataban de practicar el vicio solitario hubiese avergonzado al mismísimo Onán. Pero la culminación final siempre les era negada.

Y los ataques de gases se volvieron horribles. Cada uno se llevaba las manos al estómago regularmente, después de lo cual apoyaba la cabeza en el suelo y expulsaba ventosidades que ya no olían a queso, sino más bien a la mismísima muerte.

Cúbrete trató de aliviar la tensión escribiendo:

CUANDO SÓLO HAY DOS PERSONAS
EN UNA HABITACIÓN,
AMBAS SABEN QUIÉN HA SIDO

Como siempre, Disimula no le encontró ninguna gracia.

—¿Quieres dejar de hacer eso? —dijo—. Puede que nuestro Suministrador de Queso no se atreva a enviar a sus conductores hasta este lugar debido a todas esas pintadas con las que no paras de llenar las paredes. Bien sabe Dios que he intentado conseguir que nos hicieran alguna entrega, pero nunca vienen.

—¡No vienen porque estamos atrapados en una especie de limbo infernal sin dirección fija! –gritó Cúbrete.

–Tampoco hay por qué ponerse así, caramba –le soltó Disimula.

–Oye, salgamos de aquí antes de que muramos –dijo Cúbrete muy sensatamente.

–No –replicó Disimula–. El único problema es que ha habido una pequeña interferencia pasajera en la producción. Planeo permanecer aquí. Te sugiero que hagas lo mismo.

Disimula dedicó todas sus energías a convencer al Gran Suministrador de Queso de que el Depósito de Queso D era una inversión excelente. Escribió un informe tras otro ensalzando las virtudes del Depósito de Queso D, siempre en el impreso reglamentario y con encabezamiento oficial. Creó fabulosos gráficos de difusión y apabullantes presentaciones de venta mostrando el maravilloso potencial inversor de suministrar queso al Depósito de Queso D y sus habitantes.

Por su parte, Cúbrete investigó la posibilidad de contratar asesores para que los ayudaran a salir del lío en el que estaban metidos, pero las grandes firmas como Arthur Andersen parecían estar emperradas en que la actividad comercial básica de sus clientes fuese algo más que meramente «comer queso gratis» y siempre solicitaban un anticipo. Incluso los asesores que al principio mostraban algún interés terminaron dejándolo correr en cuanto Cúbrete fue incapaz de explicarles cómo podían llegar hasta el laberinto.

Cúbrete, desesperado, trató de transformar el Depósito de Queso D en una compañía de Internet. Se dijo que lo único que tenían que hacer era añadir un «punto com» a su nombre y que así podrían atraer el dinero inicial de un incubador de la red. Desgraciadamente, tanto laberinto.com como DepósitodeQuesoD.com ya estaban en manos de los ciberokupas. Peor aún, el ordenador de Cúbrete no tenía instalado el programa de animación Flash, así que no podía hacer girar las cosas. Sin cachivaches que girasen elegantemente para distraer a los inversores, todas las esperanzas de obtener un capital inicial desaparecieron.

Finalmente, Cúbrete se echó a reír.

—Eh, Disimula. Si esto no fuese tan ridículo, sería más gracioso.

—En realidad, si fuese menos ridículo sería menos gracioso —lo corrigió Disimula—. Una gran parte de la cualidad cómica de nuestro apuro deriva del hecho de que sea tan claramente absurdo. Podrías encontrar interesantes paralelismos entre la comedia de nuestra situación y la de la obra maestra de Beckett, *Esperando a Go...*

—¡Cierra el pico, enano tarado! —lo interrumpió Cúbrete—. ¡Eres capaz de aguarle la fiesta a cualquiera!

¿POR QUÉ
SUMINISTRAR
MÁS
QUESO?

Durante un minuto reinó el silencio. Después Cúbrete se puso su chándal y su calzado deportivo. El chándal, que había llegado a quedarle incómodamente ceñido durante la época dorada del Depósito de Queso D, ahora colgaba de su flaco cuerpo.

–Yo me largo de aquí –dijo–. Tú también puedes venir, si quieres. Preferiría enfrentarme a esas ratas contigo que sin ti.

–¡Ostras, guapo! –exclamó Disimula–. Si piensas que voy a volver a poner los pies en esa trampa mortal estás lamentablemente equivocado. Voy a esperar aquí hasta que se haya solucionado la obstrucción en el aparato productivo.

–¡Pero si no hay ningún aparato productivo, so imbécil! –aulló Cúbrete.

–Pues yo te aseguro que sí lo hay –mantuvo Disimula–. Mira, toma mi tarjeta. Si te tropiezas con algún director regional, le dices que me mande un correo electrónico o que me llame por el busca cuando le vaya bien. Yo habré dejado impecable este sitio antes de que llegue el queso.

Cúbrete cogió la tarjeta y se la guardó en el bolsillo. Después recorrió con la mirada las ruinas del antes orgulloso Depósito de Queso D. Ahora parecía un decorado de *Apocalypse Now*.

–Si Disimula realmente cree que puede conseguir

que este sitio vuelva a la normalidad, entonces debe de estar más hambriento de lo que yo pensaba –murmuró.

Después cogió su arma de metal y avanzó cautelosamente por entre las trampas para incautos esparcidas alrededor de la entrada.

–¡Retiro lo dicho! –gritó Disimula–. ¡No puedes irte! ¡Soy tu superior! ¡Oh, maldita sea!

Cúbrete siguió adelante.

–¡Como quieras! –chilló Disimula–. ¡Voto que seas expulsado de la isla! ¡Largo de aquí!

Cúbrete miró a Disimula, flaco y con ojos de loco, y escribió un mensaje inspiracional para que sirviera de motivación a su antiguo compatriota:

VAS A MORIR SOLO EN ESTE INFIERNO
SATURADO DE GASES

Luego dejó a Disimula tras de sí y dobló por la primera esquina, entrando en el laberinto con el rostro convertido en una máscara del más absoluto terror.

Cúbrete sabía que las ratas eran dueñas y señoras del laberinto. Su visión nocturna era excepcional. Eran más fuertes y rápidas, y tenían un sentido del olfato muy agudo. La emboscada esperaba detrás de cada esquina. Cúbrete tal vez podría arreglárselas para mantener a raya a una rata con su pequeña lanza de metal, pero las dos juntas indudablemente podrían con él.

Volvió la cabeza hacia el Depósito de Queso D. Allí estaba la seguridad, detrás de las barricadas. Pero no había esperanza. Ya hacía tiempo que tenía la impresión de que él y Disimula tenían un tercer compañero de depósito, y su nombre era Muerte. No, su única posibilidad estaba en el laberinto.

Escribió un mensaje en la pared y contempló con desesperación su terrible verdad:

TIENES RAZONES DE SOBRA
PARA TEMER A LO DESCONOCIDO

Leyó su obra y se estremeció de terror.

A un nivel racional, Cúbrete sabía que el miedo podía ser bueno. Sabía que en teoría el palo era tan valioso como la zanahoria. Pero sabía que el miedo que estaba sintiendo, ese pánico asfixiante que impregnaba cada nervio de su cuerpo con un terror desgarrador, era contraproducente. Además también sabía que estaba solo en aquel laberinto infernal. Solo salvo por las ratas.

Finalmente, echó a correr lanzando gritos incoherentes.

Corrió y corrió, chocando con las paredes y metiendo los pies en las grietas. Corrió durante casi diez minutos hasta que sus reservas de adrenalina alimentadas por el miedo se hubieron agotado y entonces cayó pesadamente al suelo, tosiendo y sollozando. Esperó y escuchó. Pero el único sonido que pudo oír era el palpitar de la sangre deslizándose a través de sus arterias endurecidas por el queso.

Se juró a sí mismo que si alguna vez conseguía llegar a otro Depósito de Queso, haría ejercicio regularmente y no perdería el tiempo con los chats dedicados al sexo para enanos. Un instante después cayó en la cuenta de que no sólo estaba intentando hacer un trato con Dios sino que encima Le estaba mintiendo, y rió amargamente.

Durante la semana siguiente, Cúbrete consiguió encontrar un poquito de queso aquí y allá, pero sus hallazgos apenas bastaban para mantenerlo con vida. Dados los terribles peligros a los que se enfrentaba allí, solo e indefenso en el laberinto, tanto esfuerzo no parecía valer la pena.

Solía encontrar excrementos de rata en el corredor, pero nunca estaba seguro de lo frescos que eran. Estaban secos, sí, pero ¿cuánto tardaban en endurecerse las cacas de rata? Cúbrete se temía que probablemente no mucho.

De vez en cuando se tropezaba con una palanca. Desgraciadamente todas eran iguales, así que nunca sabía cuál administraba una dolorosa descarga eléctrica y cuál le proporcionaría un minúsculo trocito de queso. Después de haber recibido una sacudida particularmente egregia, Cúbrete decidió escribir algo encima de la palanca:

DISIMULA, TIRA DE ESTA PALANCA

Pensar en su camarada quedando prácticamente frito divirtió tanto a Cúbrete que no pudo reprimir una gran sonrisa.

Cúbrete sabía que a partir de ahora tendría que mantenerse muy alerta. Estaba viviendo en un escenario donde el más leve fallo de concentración le costaría la vida. La idea resultaba vagamente excitante, y por primera vez en semanas sintió los tímidos comienzos de una erección.

Después de una breve sesión de machacársela y una larga siesta, Cúbrete reanudó su avance por los oscuros pasillos. Finalmente encontró un enorme Depósito de Queso, pero estaba abandonado y vacío. Aparte de unas cuantas briznas de queso, no quedaba nada. A juzgar por las marcas de garras en las paredes y los montones de excrementos endurecidos que había en el suelo, las ratas habían llegado allí antes.

Después encontró una gran rueda de ejercicio conectada a una botella de agua. Corrió en ella durante un rato hasta que se dio cuenta de que estaba muerto de hambre y lo último que necesitaba era quemar trescientas calorías así porque sí. Saltó de la rueda, horrorizado ante su estupidez.

Un rápido examen de los armarios reveló una caja de cereales para el desayuno que las ratas no habían tocado. Cúbrete devoró inmediatamente todo el que pudo, engullendo una «o» fibrosa tras otra. En cuestión de segundos se había dado un atracón.

Poco después empezó a notar unos terribles gorgoteos en el estómago. Semanas de no comer nada salvo queso seguidas por semanas de ayuno habían dejado a su estómago en un estado francamente delicado, y de pronto se le ocurrió pensar que los cereales para el desayuno tal vez no fueran el alimento ideal dadas sus circunstancias.

¡Demasiado tarde!

Fue corriendo a los aseos del depósito abandonado para encontrarse con que estaban cerrados. Terribles retortijones recorrieron su cuerpo mientras luchaba valientemente por retener lo que había comido.

En cuanto la primera oleada de dolores gástricos

hubo pasado, Cúbrete escribió en la pared un recordatorio dirigido a sí mismo:

ABUSAR DE LOS CEREALES PUEDE SER PELIGROSO

Después fue pasillo abajo en busca de unos lavabos, yendo lo más deprisa posible. Avanzar era una auténtica lucha, porque cada vez que movía las piernas tenía la impresión de que le iba a estallar el colon.

No tardó en soltar un tremebundo Silencioso Pero Letal, una de esas ventosidades realmente espantosas que te abrasan las narices. Pero en vez de dejarse vencer por los gases, siguió andando pasillo abajo. ¡Menuda diferencia con respecto al Depósito de Queso D! De pronto se sintió libre. Liberado. Con tal de que siguiera moviéndose, ahora podía tirarse pedos con toda impunidad.

¿Y por qué había que quedarse en los pedos? Las ratas no lo hacían. Cúbrete había visto sus excrementos por todo el laberinto, pero nunca se le había pasado por la cabeza la idea de olvidarse de los aseos y dejar de perder el tiempo buscándolos. Claro que en el Depósito de Queso D tanto él como Disimula se habían visto obligados a defecar en un rincón, y Cúbrete lo había encontrado intolerable. Pero ahora podía hacer de vientre cuándo y donde quisiera. Podía dejarse llevar por sus más bajos instintos.

Con una gran sonrisa en la cara, Cúbrete se bajó los pantalones en mitad del pasillo. Era repulsivo, desde luego. Pero no pensaba volver por allí hasta dentro de mucho tiempo.

Unos instantes después ya había terminado. Para conmemorar su mágica liberación, decidió volver a escribir en la pared:

DISFRUTA DE TUS MOVIMIENTOS

Se sentía como si le hubieran quitado un gran peso de encima. Llevaba semanas perdiendo el tiempo con largas búsquedas laterales para encontrar unos aseos. Ahora por fin podría buscar a placer, sin detenerse por nada.

Fue de una sala a otra como una ingrávida mariposa. Acababa de comprender que los tabúes eran algo impuesto por la sociedad. Ahora ya no tenían ningún poder sobre él. Cúbrete era una criatura del más puro instinto que vivía más allá de las restricciones de la civilización. Su búsqueda de queso había vuelto a ser divertida.

Empezó a imaginar que andaba por un mundo fantástico y se sintió todavía más contento. Se vio en vívi-

MUÉR-
DEME
GALLETITAS

dos colores. Gigantescas ruedas de queso llenaban un nuevo Depósito de Queso, uno que parecía haber salido de sus más locas fantasías de *Las mil y una noches*. Muchachas con velos de seda llegadas del harén danzaban a su alrededor trayéndole maravillosas rebanadas de cremoso brie, entre súplicas de «Por favor, señor, por favor, lámalo de mi liso y suave estómago».

Algunas de las chicas eran delicadas liliputienses de rasgos exquisitos. Otras eran altas mujeres nórdicas compradas a traficantes de esclavos sin escrúpulos que lo deleitaban con historias de la trata de blancas.

En su sueño, todos lo temían. Y con razón, porque flanqueándolo a los lados de la sala estaban las cabezas de Soplo y Lárgate, empaladas en pértigas de acero. En cuanto a Disimula, aún vivía, encerrado en una mazmorra perdida en las profundidades del palacio. De vez en cuando, en su sueño, Cúbrete visitaba a su antiguo compañero de depósito y reía cruelmente mientras un torturador chino, Kang, le administraba la muerte de los mil cortes. Según Kang, el cautivo tardaría unos dos años en morir. Cúbrete quizá se mostraría misericordioso y administraría el golpe de gracia antes de ese momento, pero algo en tan insoportable dolor parecía tan exquisito que Cúbrete sabía que haría que Disimula siguiera con vida hasta que hubiera sido sometido a la totalidad de la sentencia. Disimula suplicaría la muerte en vano.

Cuanto más se imaginaba Cúbrete su paraíso del queso, más seguro estaba de que todo aquello terminaría haciéndose realidad.

Escribió:

IMAGINARME COMIENDO QUESO
MIENTRAS TORTURO A MIS SEMEJANTES
ME AYUDA A ALCANZAR MIS VILES METAS

Cúbrete empezó a pensar positivamente, volviendo la mirada hacia el futuro. Por fin había comprendido que la vida en el Depósito de Queso D nunca fue ninguna maravilla. Había disfrutado de una conexión con Internet excepcionalmente rápida, de acuerdo. Pero eso difícilmente podía compensar el tener que vivir temiendo a unos roedores sedientos de sangre, muriéndose lentamente de hambre y defecando en pozos llenos de estacas afiladas a escasos metros del lugar donde dormía.

No tardó en descubrir un pequeño Depósito de Queso que todavía contenía unos cuantos cubitos de queso, cada uno de ellos pinchado en un afilado palillo. Cúbrete no estaba muy seguro de qué tipo de queso sería aquél, pero cuando vio «Excedentes del gobierno» estampillado encima de un trozo más grande, tuvo la seguridad de que era comestible.

Cuando estuvo lleno, recogió los palillos y se los guardó en la mochila. Después se metió los escasos cubitos restantes en el bolsillo. Decidió volver al Depósito de Queso D y darse pisto delante de Disimula.

Encontró el camino de vuelta sin ninguna dificultad, ya que le bastó con ir siguiendo el terrible hedor a excremento humano. Obviamente, Disimula no había puesto los pies fuera de sus barricadas para hacer sus necesidades. Cúbrete no tardó en serpentear cautelosamente por entre las trampas para incautos que habían instalado, tratando de que su nariz se acostumbrara al olor mientras andaba.

Disimula, mientras tanto, se había convertido en una especie de Gran Sacerdote del Culto del Cargamento, para lo cual se había vestido con cupones que había bajado de Internet y que, una vez impresos, había grapado entre sí para formar una curiosa «faldita de hierbas». También había construido modelos de camionetas de reparto con papier-mâché y las había rodeado de velas votivas hechas de hilo dental y cerumen de las orejas que luego había metido en tazones Dilbert.

Cúbrete le enseñó el suculento queso del gobierno que había encontrado en el laberinto e intentó provocarlo con el éxito de sus incursiones, pero Disimula no mordió el anzuelo.

—¿Queso del gobierno? No, gracias. Yo sólo comeré Stilton.

—Pero si te estás muriendo de hambre, Disimula —observó Cúbrete.

—Voy a recuperar mi queso —replicó Disimula—. No he hecho nada malo. He propiciado a las autoridades, e incluso he erigido un altar para congraciarme con ellas. Ahora me estoy quejando. He escrito a las autoridades correspondientes. He dejado mensajes en los grupos de noticias y en los chats. No merezco que me jodan dejándome sin queso.

Cúbrete sacó de la mochila su roca afilada y fue hacia la pared.

—¡No seas idiota! —dijo—. Si algo hemos aprendido estas últimas semanas es esto:

LA RESISTENCIA ES INÚTIL

—¿Por qué haces eso? —preguntó Disimula con irritación.

—¿El qué?

—Escribir en las paredes. Me tienes delante. No hay ninguna necesidad de garrapatear cosas en las paredes cuando puedes decírmelas a la cara. Es increíblemente grosero. Eres la clase de persona que lo escribe todo con mayúsculas en los chats de Internet.

—Y tú eres la clase de persona que cree que importa si tiene razón o no la tiene —replicó Cúbrete.

—Importa.

—¡Bueno, pues si no te largas de aquí te morirás de hambre!

—LOL. Te equivocas, amigo mío. Acabo de hacerle un pedido a Kozmo.com. Dentro de nada tendré mi queso. ROTFLMAO. ¡Ja, ja!

—¿Qué cuernos estás intentando decirme con todas esas iniciales? —preguntó Cúbrete.

—Oh, perdona. Había olvidado que eres un novato. Llevo poco tiempo hablando en los chats de IRC, así que me cuesta bastante hablar con alguien fuera de la red. El caso es que todos mis cibercolegas me han dicho que lo solicite, así que eso es lo que estoy haciendo.

—¡Pero si eso ya lo habíamos intentado! ¡Aquí no tenemos ninguna dirección, imbécil! —gritó Cúbrete sin poder creer lo que estaba oyendo.

—Lo siento, pero te estás poniendo extremadamente grosero. ¡Otro arrebato como ése y te denuncio a COS!

—¿Qué demonios es COS?

—Condiciones de Servicio —dijo Disimula altivamente—. Estás infringiendo todas las reglas de redtiqueta.

—¡Yo no estoy en la red! —chilló Cúbrete—. ¡Estoy viendo cómo te mueres de hambre delante de mis narices, chalado de cerebro microscópico!

–¡Hasta ahí podíamos llegar! ¡No consiento que nadie se burle de mi orientación vertical! ¡Voy a ponerte en ignorar! –dijo Disimula, y le dio la espalda para volver a ocuparse de sus chisporroteantes velas votivas.

Cúbrete se carcajeó estrepitosamente de su amigo y salió por la puerta convertido en un hombre muy feliz. Mientras se iba escribió:

REÍRTE DE TI MISMO ESTÁ MUY BIEN,
PERO NO HAY NADA COMO REÍRSE
A EXPENSAS DE OTRO

Los alemanes tienen muchas palabras para referirse a las distintas clases de infelicidad, de la misma manera en que los esquimales tienen muchas palabras para hablar de la nieve. Cúbrete empezó a experimentar *schadenfreude*, que consiste en deleitarse de la desgracia de otro. Por fin comprendía cómo había desperdiciado su vida dejándose atrapar en aquel asfixiante Depósito de Queso vacío trabajando para un hombre que, en momentos de presión, se dedicaba a ir semidesnudo por ahí adorando objetos inanimados.

Se estuvo riendo un buen rato de Disimula. Había esperado encontrarlo medio muerto de hambre, pero ¿loco? Bueno, eso sólo era la guinda en el pastel. Si era incapaz de culpar de la catástrofe del Depósito de Queso D a un hombre semejante, entonces se tenía más que merecido hundirse con él. Resultaba demasiado fácil. La única pregunta que le quedaba por responder era si no podría encontrar alguna autoridad superior a la cual hacerle la pelota.

Desgraciadamente, su alegría no tardó en verse oscurecida por una punzada de remordimientos. Sabía que Disimula necesitaba su ayuda. Por eso, y sólo por si a Disimula se le ocurría volver a poner los pies en el laberinto, Cúbrete se dijo que compartiría con él una lección de inmenso valor que había aprendido y acerca de cuya importancia nunca se podría insistir demasiado. Así pues, esto fue lo que escribió para echarle una mano a su viejo compinche:

REVOLCARTE EN TUS PROPIOS EXCREMENTOS ES MALO

—¿Y quién podría negarlo? —murmuró Cúbrete con una sonrisita, antes de alejarse alegremente pasillo abajo para volver a internarse en el laberinto.

Todavía no había descubierto más queso. Y todavía tenía que tropezarse con las odiadas ratas. Pero no cabía duda de que se sentía muchísimo mejor. Estaba haciendo progresos, mientras que Disimula se estaba enterrando a sí mismo en un agujero cada vez más profundo.

Cúbrete sabía que había establecido un maravilloso rastro de papel que hacía que Disimula pareciese un lunático abusivo e incompetente que adoraba falsos dioses. También sabía que había conseguido protegerse a sí mismo haciendo que pareciese que él estaba buscando una solución que beneficiara a todo el mundo.

Ahora atribuía a Disimula toda la responsabilidad del hundimiento del Depósito de Queso D. Tal como él veía las cosas, lo único que había hecho Disimula era comer un queso que hubiese debido ir a parar al estómago de Cúbrete. Disimula merecía morir lentamente de hambre y terminar más loco que una cabra.

Claro que algunos dirían que Cúbrete había huido de la situación abandonando a su amigo a una muerte segura, pero eso no era asunto de su incumbencia. Y además, ¿acaso no le había traído a Disimula algunas sobras para que pudiera ir tirando? No era el guardián de su hermano, por el amor de Dios. Y Disimula ni siquiera era su hermano.

Así que escribió:

Los que no tienen queso no se merecen queso

Ahora que se veía obligado a arreglárselas por su cuenta, Cúbrete tenía muy claras cuáles eran sus responsabilidades: ¡Primero Yo!

Anduvo por el laberinto con paso rápido y decidido, buscando más comida. Pensó en todo lo que había escrito en las paredes y se dio cuenta de que si usaba cada aforismo como título de un capítulo casi podría terminar una novelita sin tener que escribir más que unas cuantas páginas. Sonrió, y escribió en la pared:

Empezar un nuevo capítulo cada par de páginas te facilita muchísimo escribir un libro corto

Cúbrete empezó a moverse por el laberinto con una creciente confianza en sí mismo. Correr varios kilómetros al día unido al estricto régimen de comer únicamente los cubitos de queso que encontraba en el suelo pronto hizo que pareciese un anuncio para la dieta Atkins: únicamente grasa y proteínas, y nada de hidratos de carbono. Su cuerpo era idéntico al de un culturista profesional, siempre que se admitiera la leve excepción de que sólo medía 13 centímetros de alto, una estatura que se considera prohibitiva a la hora de hacer posturas en una competición.

Estatura aparte, Cúbrete tenía unas pintas magníficas: estaba tan curtido y en su punto como si acabara de salir de una caja de suplementos nutricionales.

Comer únicamente queso le había hecho polvo los riñones y el hígado, naturalmente. Y a pesar del incesante ejercicio, sus arterias estaban más endurecidas que las de un estudiante de instituto cuando empieza a meter mano a su chica durante la primera cita. Además, y como llevaba semanas sin recurrir a los rudimentos de la higiene dental, decir que su boca se había convertido en una letrina hedionda hubiese sido quedarse bastante corto.

Aun así, Cúbrete se sentía como si fuese el rey del laberinto. Lo único que lamentaba era que el laberinto careciese de espejos de cuerpo entero delante de los que pudiera posar desnudo. A veces imaginaba que podía abandonar su cuerpo para verse hacer flexiones.

Y entonces fue cuando por fin ocurrió. Estaba adoptando una posición conocida en los círculos de la halterofilia como el Cangrejo –flexionando los pectorales hasta que éstos aullaban de pura agonía mientras mantenía una sonrisa forzada con la mirada clavada en el vacío–, ¡cuando finalmente vio la Estación de Chiles G!

Entró corriendo en ella y se asombró ante lo que vio: montañas de chiles con queso, gigantescas ruedas de queso gorgonzola, las ratas, troncos de queso, salsa de queso, las ratas, montañitas de queso feta, las ratas, queso para untar, ¡AAAAAAARGHHHHHH, LAS RATAS!

Cúbrete había quedado tan impresionado por la opulencia de la estación que ni siquiera vio a Soplo y Lárgate hasta que ya casi las tenía encima. Trató de hundir su pincho de metal afilado en la blanda tripa de Lárgate, pero apenas si consiguió arañársela un poco antes de ser derribado al suelo.

Los enormes dientes de las ratas le desgarraron la carne, pero Cúbrete luchó valientemente. Las ratas se habían ablandado un poco viviendo en la Estación de Chiles G, y la fortaleza de Cúbrete las pilló por sorpresa. El «don nadie» les metía los dedos en los ojos y les pateaba las entrepatas con un desesperado diluvio de golpes. Su nivel de adrenalina estaba al máximo, dándole las fuerzas de diez hombres. Desgraciadamente eran diez hombrecillos liliputienses del tamaño de Cúbrete, pero en este tipo de situaciones todo ayuda.

Aun así, saltaba a la vista que la ventaja estaba de parte de las ratas. El que mataran a Cúbrete sólo era cuestión de tiempo.

Mientras rodaban por el suelo, Cúbrete empuñó un palillo y lo hundió en el ojo de Soplo, cegándola. Soplo aulló de dolor y salió huyendo. Con Soplo fuera de combate por el momento, a Cúbrete ya no le quedaban ánimos para seguir luchando y también optó por retirarse rápidamente.

–¿Qué os pasa? ¿Este queso es demasiado afilado para vosotras? –gritó Cúbrete, lleno de furia y miedo.

Estaba vivo, pero por poco. Se desgarró las ropas haciendo torniquetes y vendajes para contener la sangre que manaba copiosamente de sus heridas. Después cogió un cuchillo para cortar queso de afilada hoja que había por allí y se dispuso a rechazar la próxima acometida.

Las ratas también se estaban reagrupando. No les cabía duda de que habían subestimado los recursos de Cúbrete. Soplo gimoteaba suavemente por el dolor de haber perdido un ojo, pero se arrancó estoicamente el palillo y se preparó para volver a luchar. Las dos ratas avanzaron lentamente, una a cada lado de Cúbrete.

Cúbrete sabía que a menos que consiguiera encontrar alguna salida, aquél sería el ataque final. Su cerebrito buscó frenéticamente una respuesta, y de pronto entrevió una pequeña posibilidad.

–¡Escuchadme! –gritó–. Sé que detestáis a los «don nadie». Nos veis no sólo como competidores, sino también como peligros. Pensáis que hemos echado a perder el Depósito de Queso D para vosotras, y teméis que también acabaremos con la Estación de Chiles G. Por eso queréis matarme, ¿verdad?

Las ratas asintieron recelosamente.

–Pero ahora os digo que yo nunca os he hecho nada malo. El Depósito de Queso D no estaba a mi cargo. Disimula era mi jefe. Su lamentable gestión fue la causante de que el queso desapareciera. Mirad esto...

Cúbrete tendió a las ratas la falsa tarjeta de negocios de Disimula, en la que estaba escrito «Disimula, Administrador General, Depósito de Queso D».

Lárgate la examinó con gran atención. Soplo le echó un vistazo y después volvió a ocuparse de su ojo herido.

–¡Él es el problema! –clamó Cúbrete–. ¡Fue él quien nos dejó sin queso! ¡Si nos libramos de él, entonces el laberinto será un lugar maravilloso para todos!

Las ratas volvieron a asentir.

Poco después, Cúbrete ya había llevado a Soplo y Lárgate a la entrada del Depósito de Queso D. Cúbrete esperaba que las ratas atacaran en masa y vencieran a su debilitado amigo sin que él tuviera que animarlas a ello, pero parecían tenerle pánico a las estacas afiladas. Cúbrete tendría que entrar solo.

Mientras dejaba atrás las letales trampas para incautos y entraba en la sala principal, vio que el Depósito de

Queso D había cambiado considerablemente. El ídolo de papier-mâché había sido quemado. Todas las velas votivas estaban destruidas. Las tarjetas y memorándums habían sido hechos trizas.

La cabeza de Disimula fue asomando lentamente de debajo del escritorio, su flaco rostro totalmente cubierto por una máscara negra de excremento seco.

—¿Has venido a matarme? —preguntó con un hilo de voz.

Cúbrete había elaborado un complejo plan mediante el que esperaba sacar de su escondite a Cúbrete utilizando la promesa de regalarle un cubo de lucita conmemorativo como cebo, pero ya podía ver que no iba a hacer falta. Disimula iba a morir sin necesidad de que nadie le echara una mano.

—¿Y por qué piensas que puedo haber venido a matarte? —preguntó Cúbrete haciéndose el inocente.

—Porque a lo mejor quieres ascender a administrador general.

—Confieso que se me había pasado la idea por la cabeza, sí. Pero parece que no tendré que esperar mucho tiempo para que eso ocurra.

—Sí. Me estoy muriendo. Lo sé. Pero escucha. He estado investigando en Internet. Preguntando por aquí y por allá, ya sabes. Creo que no existe ninguna compañía ante la que debamos responder. No hay ningún presidente-director general. Estamos atrapados en un espantoso experimento, y lo único que importa es tratar de escapar.

Cúbrete contempló las paredes, el suelo y el techo. Vio que estaban llenos de agujeritos.

–He estado intentando encontrar una manera de salir de aquí –prosiguió Disimula–. Este laberinto no tiene absolutamente ninguna justificación moral. Las personas que hay en él son tratadas como medios, no como fines. Sólo somos ratas de laboratorio, y no nos diferenciamos en nada de Soplo o Lárgate. La autoridad superior que ha concebido este lugar debería comparecer ante los tribunales.

Disimula se estaba quedando sin respiración y su voz entrecortada parecía provenir de las profundidades de su pecho.

–Nos han convertido en animales malolientes... –dijo mientras ponía los ojos en blanco, y se calló. Cúbrete se inclinó sobre él y oyó sus últimas palabras–: El horror. El horror.

Cúbrete estuvo pensando un rato en la muerte de Disimula. Se dijo que si su amigo hubiera dedicado más tiempo a encontrar queso y menos a buscar la verdad, ahora aún estaría vivo. Después se volvió hacia la pared y escribió en ella todas las lecciones que había aprendido en el laberinto hasta aquel momento:

- Por el Olor se sabe dónde está el Queso: Todo el mundo la caga de vez en cuando.
- Protege tu Queso: Crea un rastro de papel que dé la mejor imagen posible de ti y haga que tus colegas parezcan incapaces de gestionar correctamente cualquier cantidad de productos lácteos.
- Vete con el Queso: La vida es como una fiesta. Mientras haya queso quédate, pero bien sabe Dios que nadie quiere quedarse a limpiar cuando se ha terminado.
- Lo Primero es el Queso: Si alguien empieza a frenarte, déjalo atrás. Tienes que llegar lo más pronto posible al próximo queso.
- No te Metas con el Queso: Cada vez que cuestionas el funcionamiento del sistema de distribución del queso estás perdiendo tu tiempo y tus energías. No hay respuestas. La resistencia no sirve de nada. La obediencia ciega es mucho más productiva.
- Ve el Queso: Visualizar a tus competidores criando malvas es el primer paso para quedarte con todo el queso.
- Recuerda que Nunca has Sido Tú: Si las cosas empiezan a ir mal, asegúrate de que otro cargue con las culpas. Eso puede salvarte la vida.

Cúbrete arrastró el cuerpo de Disimula hasta la entrada y se lo arrojó a las ratas. Éstas se lanzaron sobre él con ávida ferocidad, sacudiendo las cabezas para que los meneos las ayudaran a arrancar enormes trozos de carne. El cuerpo de Disimula no tardó en quedar literalmente partido por la mitad.

Soplo y Lárgate estaban tan absortas en su trabajo que no se dieron cuenta de que Cúbrete se les acercaba por detrás enarbolando aquel cuchillo de cortar queso cuya hoja estaba tan afilada como una navaja de afeitar. Cúbrete lo hundió en la espalda de Lárgate, matándola al instante, y después giró sobre sus talones y le cortó el cuello a Soplo antes de que ésta tuviera tiempo de soltar un chillido de sorpresa.

Cúbrete rió mientras contemplaba la escena. Ahora era el único dueño y señor del laberinto.

Fue a la impresora y se hizo unas cuantas tarjetas de negocios en las que ponía: «Cúbrete, Presidente, Laberinto S. A.» Nunca había entendido por qué Disimula se había conformado con ser Administrador General.

Entonces Cúbrete oyó un nuevo sonido que nunca había oído antes, como si alguien estuviera levantando el techo del laberinto. ¿Sería el Suministrador de Queso reaprovisionando el laberinto? ¿Irían a concederle un ascenso? ¿Lo trasladarían?

Una gigantesca mano enfundada en un guante de

EL QUE MUERE TENIENDO MÁS QUESO GANA

goma cayó sobre él desde el sitio en el que solía estar el techo. Pero antes de que fuera cogido, Cúbrete escribió un último mensaje en la pared para que sirviera como recordatorio, por si acaso algún día volvía a encontrarse en el laberinto:

EL QUE MUERE TENIENDO MÁS QUESO GANA

Fin... ¿O no?

UNA DISCUSIÓN

No mucho más tarde ese mismo día

Cuando Lewis hubo terminado de contar su historia, alzó la mirada y vio a sus antiguos compañeros de clase contemplándolo con caras de perplejidad, los ojos llenos de sorpresa y las bocas fláccidamente abiertas. Era como si les hubieran dado un puñetazo en el estómago mientras estaban fuertemente sedados. Como siempre que soltaba aquel discurso, Lewis interpretó aquella reacción como una señal de que a su audiencia le había gustado su tonta fabulita. Y dado que siempre andaba a la caza de panolis que pudieran contratarlo como orador motivacional para sus compañías, preguntó:

—¿Alguien quiere que quedemos para más tarde y hablemos un poco más de esto?

Tom, que había sido el escéptico de la clase (una posición que quedaba varios niveles de popularidad por debajo de la del payaso, pero que aun así se encontraba ligeramente por encima de la del aprovechado de la clase), meneó la cabeza mientras ponía cara de disgusto.

–¿Hablar de esto más tarde? –exclamó con visible irritación–. ¿Me estás tomando el pelo o qué? Te has tirado casi una hora hablando y todo lo que has dicho, en esencia, ha sido: «No puedes detener el cambio, pero puedes apañártelas para hacer que otro cargue con las culpas».

–Dios, Tom, ¿por qué tienes que ser tan grosero? –replicó Candi. Después se volvió hacia Lewis y sus duros rasgos de profesional del desnudarse en público se suavizaron hasta tal punto que casi habrías podido cometer el grave error de pensar que todavía le gustaban los hombres–. Tu historia me ha encantado, Lewis. Hoy es mi noche libre en el Rinoceronte de Menta. Me encantaría pasar la noche contigo hablando de tu historia. Has dicho que eras presidente director general, ¿verdad?

–Sí, la verdad es que lo soy –dijo Lewis con una risita–. Pero si Tom y el resto del grupo prefieren comentar el libro ahora, por mi parte no hay ningún inconveniente. Tú y yo siempre podríamos seguir hablando en privado más tarde, Candi. –Después Lewis se volvió hacia Tom y dijo–: Es curioso. He descubierto que las personas que desprecian mi libro suelen ser aquellas a las que les podría ser de mayor utilidad. Pero están demasiado ciegas para poder verlo.

Tom captó el velado insulto de Lewis.

–En otras palabras, que piensas que tus críticos son unos memos a los que no hay que tomar en consideración.

–Exactamente –replicó Lewis.

Candi había sufrido tantísimos malos tratos durante su infancia que siempre trataba de evitar que surgieran situaciones desagradables, así que se apresuró a intervenir.

–Bien, ¿y quiénes piensan todos que eran en la historia? –preguntó.

–Bueno –comenzó a decir Pedro–, hace tiempo, antes de que yo abriera mi bufete de abogado...

–¿Qué es eso, una manera fina de referirse a un puesto de tacos picantes? –lo interrumpió Jane. No había parado de beber durante toda la historia de Lewis, y aunque no pasaba mucho de la hora de comer ya estaba visiblemente borracha.

Tal como hacía en el instituto, Pedro fingió no haber oído sus insultos racistas.

–Pues antes yo trabajaba para una empresa que fabricaba cortadoras de césped.

–Eso ya me lo creo más –dijo Jane con voz pastosa.

–Y tuvimos que hacer ciertos cambios –prosiguió Pedro–. La empresa fue comprada y el nuevo propietario sólo quería contratar inmigrantes ilegales a los que pudiera pagar muy por debajo del salario mínimo.

–¿Y de qué manera te perjudicó eso? –preguntó Jane.

–Jane, Jane... Yo he nacido en América, igual que tú –replicó Pedro tozudamente–. ¡Me despidieron!

–¡Ay, ay, ay! –se rió Jane–. ¡Ya veo que a ti sí que te movieron la barca, chico!

Pedro no le hizo caso.

–Sí. Bueno, el caso es que me cabreé bastante. Sé que no actué como Soplo o Lárgate. No me di cuenta de que el cambio era inminente, y cuando oí hablar de él no traté de encontrar otro empleo. Actué más al estilo de Disimula. Puse mis quejas por escrito y se las envié al Departamento de Ética Empresarial. Le dije al jefe que hacía mal pagando unos sueldos tan bajos. Supongo que habría tenido que echarle la culpa de todo a los inmigrantes, ¿no?

–Así es –asintió Lewis.

–Eso es una tontería –resopló Tom–. Tu jefe hubiese tenido que pagar el salario mínimo. No hacerlo es ilegal.

Xian Tse Li, que había sido un eminente físico nuclear antes de que sus jefes sospecharan que era chino, también parecía bastante preocupado por la historia de Lewis.

–¿Me estás diciendo que siempre deberíamos culpar

de todo a los débiles, los pobres y los oprimidos? –preguntó.

–En absoluto –replicó Lewis–. Claro que nunca hay un momento en el que no puedas culpar de algo a un grupo oprimido, así que asegúrate de tener siempre cerca por lo menos a un representante de alguna minoría. Pero las recompensas de cargarle el muerto a un superior son mucho más grandes. Consigues su puesto. Lo único que no debes hacer es culpar a los poderosos si no estás seguro de que podrás salirte con la tuya. Y además, es demasiado arriesgado para que se pueda hacer a menudo. Pero qué leches, si hubieras transferido la culpa a otro cuando trabajabas en tu laboratorio, a estas alturas quizá ya le habrían puesto tu nombre a un plato de pollo, Li.

–Eres un idiota –dijo Li, y se fue hecho una furia.

Jane fingió toser en tanto decía «Perdedor» mientras Li se marchaba. Todos los amigos del instituto rieron alegremente, muchos de ellos llevándose los dedos a la frente para formar una P.

–Lo malo es que además de una P también habría que hacer una L –añadió Pedro, aprovechando encantado aquella ocasión de burlarse de otro aunque sólo fuese para variar–. ¡Peldedol! –explicó con el acento chino más marcado de que era capaz.

–¿Se puede saber qué demonios os pasa? –gritó Tom–.

¿Por qué estáis haciendo tantos chistes racistas y discriminatorios? ¡Me parece pura malicia gratuita!

—Dista mucho de ser gratuita —dijo Lewis sin inmutarse—. Una parte vital de la historia del Queso es la capacidad de reírse de los demás. Cúbrete sobrevivió porque fue capaz de ver que la búsqueda de respuestas acerca de la naturaleza del laberinto emprendida por Disimula era una pérdida de tiempo. En cuanto empezó a reírse de Disimula, se dio cuenta de que lo que debía hacer era adaptarse al cambio en vez de resistirse a él. De esa manera también deshumanizaba a Disimula, con lo que le resultó mucho más fácil culparlo de todos sus problemas.

—¿Culpar a Disimula? Cúbrete planeaba matarlo —objetó Tom.

—Exactamente. ¿Y acaso habría podido llegar a planear tal cosa si antes no lo hubiera ridiculizado?

—¡Pero eso es monstruoso!

—No, en realidad no —intervino Phil, el médico—. Se llama selección. Al ejercer la medicina general en una gran mutua médica, cada día tengo que decidir quién va a vivir y quién va a morir. Algunas personas padecen enfermedades crónicas que salen muy caras. No puedo esperar tratarlas adecuadamente y conservar la prima que me pagan por reducir los costes al mínimo. Muchas de esas personas son como Disimula: creen tener derecho a recibir los mejores cuidados médicos que el dinero puede comprar.

»La historia de Lewis encierra dos lecciones muy valiosas que me ayudarán a sentirme mejor en el futuro cuando les niegue el tratamiento –siguió diciendo Phil–. En primer lugar, la muerte es inevitable para todos, así que no se me puede considerar responsable de no poder proporcionar la inmortalidad a mis pacientes. Y en segundo lugar, las personas que acuden a mi consulta son una pandilla de tacaños de la clase media que, si fueran más listos o se esforzaran un poco más, habrían escogido un plan de atención médica más caro. Como resultado de esta historia, ahora ya no me remorderá tanto sentenciarlos a una muerte casi segura para que me paguen un poco más de pasta a fin de mes. Ahora podré disfrutar todavía más de mi queso. Gracias por tu historia, Lewis.

Tom meneó la cabeza con una mezcla de incredulidad y disgusto.

Percibiendo la animosidad que flotaba en el ambiente, Candi volvió a ponerse muy tensa.

–A veces yo misma me veo como Disimula –dijo–. Porque aunque noto que el cambio se aproxima en el sentido de que el Rinoceronte de Menta está contratando a chicas cada vez más jóvenes, no hago nada al respecto.

—¿Y qué se supone que debes hacer exactamente respecto a eso de envejecer, Candi? —preguntó Tom con indignación—. ¿Culpar a las otras chicas que se desnudan junto a ti?

—Que bailan junto a mí —lo corrigió Candi.

—¿Lo ves, Tom? —exclamó Lewis—. Incluso tú admites que no puedes alterar el hecho de que nos estamos haciendo viejos. Ése es el primer punto. La resistencia es inútil.

Tom meneó la cabeza.

—Admito que hay ciertas cosas a las que no vale la pena tratar de resistirse. Perder tu trabajo como bailarina exótica parece ser una de ellas.

—¡Eh! La paga es realmente buena —exclamó Candi.

—No debes preocuparte, Candi —dijo Lewis—. Obviamente, no puedes detener el proceso de envejecimiento. Pero una persona que cuente con tus tremendos recursos personales sigue disponiendo de muchas oportunidades de ganar dinero. Quizá tengas que pasar del mundo de la danza pública al de los bailes privados, pero aun así seguirías teniendo queso de sobras. Claro que tendrías que mantenerte alerta y asegurarte de que ninguna de tus antiguas compañeras de trabajo intentara competir contigo en tu nuevo negocio. Si lo hicieran, no te conformes con culparlas. Acaba con ellas. Haz picadillo sus bonitas caras.

Candi asintió pensativamente.

Jill, que había triunfado en el mundo de los negocios, decidió intervenir.

–Lo que me gusta de tu historia, Lewis, es que realmente hace que la víctima cargue con la responsabilidad de haber sido victimizada. Una manera muy efectiva de maximizar el valor para el accionista es meter mano a los fondos de pensiones despidiendo a todos los empleados que estén a punto de disfrutar de ellos. Además, los empleados a los que se les ha ido subiendo el sueldo año tras año pueden llegar a volverse prohibitivamente caros pasados diez años. Finalmente, la mayoría de empleados podrían trabajar el doble de lo que lo hacen si iniciaras un plan de despidos totalmente aleatorio.

»Lo que quiero decir es esto: yo despido gente cada día. Me gustaría disponer de algo que al dárselo les hiciera comprender las virtudes de adoptar una actitud de docilidad absoluta ante la autoridad. Creo que tu historia satisface esa necesidad. Y no quiera Dios que empiecen a preguntarse si el alcanzar mi meta a corto plazo de elevar el valor de las acciones (con lo cual elevo el valor de mis opciones en varios millones de dólares al año) puede ser perjudicial para los intereses a largo plazo de la empresa.

»Y lo mejor de todo –siguió diciendo Jill–, es que así los empleados no sólo se darán cuenta de que resistirse a mis planes no sirve de nada, sino que se culparán unos a otros en vez de culparme a mí. ¿Os he contado que he tenido mucho éxito en los negocios y que, meramente debido a esa afirmación no corroborada, mis opiniones valen más que las de cualquier otra persona, excepto quizá Lewis? Como sin duda ya sabéis todos, él es presidente director general.

Tom puso los ojos en blanco.

—¡No, no, no! —dijo Jill levantándose de su asiento—. No empecemos con todo eso, Tom. Estás reaccionando igual que el «don nadie» malo. Recuerda que todo lo que dice Lewis va a misa. Es un presidente director general, y ellos son las únicas personas que están autorizadas a iniciar el cambio. Los demás sólo pueden adaptarse a él o perecer. Ahora, y si me disculpáis, he de ir a ocuparme de esos negocios con los que estoy obteniendo tantos triunfos.

Jill se fue, dejando a Tom temporalmente enmudecido.

—La historia no sólo es una imbecilidad, sino que además es moralmente asquerosa —dijo Tom pasados unos momentos—. Imaginaos lo que ocurriría si la aplicarais a vuestra vida familiar.

—Es precisamente lo que he estado haciendo —dijo Jane entre hipidos—. Y tal como yo veo las cosas, la mejoraría considerablemente. Mi esposo es un auténtico desastre en la cama. Antes teníamos una buena vida sexual, pero ahora se mata a trabajar para contribuir a pagar la hipoteca y la universidad de los chicos. Bueno, ¿dónde me deja eso? Sentada en casa vaciando las botellas de jerez que antes usaba para cocinar, ahí es donde me deja.

»Después de haber oído esta historia me he dado cuenta de que ya estoy harta de llevar la vida de un animal de compañía –siguió diciendo–. Sé que mi esposo es culpable de toda una serie de deficiencias sexuales. No puedo cambiar el hecho de que compartir la cama con él sea como acostarse con un fideo mojado. Eso no puedo cambiarlo, y no voy a tratar de cambiarlo. Pero voy a conseguir mi queso, pequeño. Y si eso significa que he de encontrar mi queso en los brazos de otros hombres, pues que así sea. Yo no tengo la culpa, ¿verdad? Toda la culpa es de ese bastardo asexuado.

Tomó otro sorbo de su daiquiri a la fresa y parpadeó.

–¡Ahhhhhh! ¡Esto te congela el cerebro! Pedro, ven aquí y caliéntame un poco con tu fuego latino.

Como siempre, Pedro hizo lo que le decían.

Darlene, que se había graduado en el instituto para convertirse en camionera de largo recorrido pero que casualmente había vuelto al pueblo para la reunión, fue la siguiente en hablar.

–Bien dicho, hermana. Yo me tiré un montón de tiempo comportándome como Disimula. Siempre pensaba en los demás antes que en mí. Era un ama de casa casada con un esposo y un hijo hasta que me di cuenta de que sin pensarlo ni por un momento me había metido en una situación en la que yo nunca era la número uno.

»Lo peor llegó cuando la empresa de mi marido lo trasladó de Palo Alto a Scranton, PA. Mi hijo se lo tomó muy mal porque era Primer Tablero en el Equipo de Ajedrez, y Scranton no sólo no tenía equipo de ajedrez, sino que además sus nuevos compañeros de clase disfrutaban dándole palizas. Cada vez que cenábamos tenía que oír cómo lloraba por ello. Finalmente, no pude aguantarlo más y me largué en busca de la carretera y la libertad.

»Y resultó que eso era lo mejor que podía haberle ocurrido al chico, porque estaba tan lleno de ira y resentimiento que mientras estudiaba en la universidad se dedicó a levantar pesas, y después se graduó e ingresó en la policía de Nueva York. Ahora les saca tanta coca gratis a los camellos que sus jefes ya ni se acuerdan de cuándo fue la última vez que lo vieron con el uniforme azul en vez de blanco.

»Pero si yo hubiera sabido de esta fábula, entonces antes de irme le habría dejado una nota a mi hijo culpando a su padre de haberme convertido en una camionera lesbiana. Así habría detestado a su padre, y ahora yo podría ir por ahí como un auténtico caballero de la ruta sabiendo que mi hijo todavía me quiere.

Darlene se apoyó en Jane.

–Y cuando necesites que te lleven a algún sitio llama a Darlene, ¿entendido?

–¡Oh, claro! ¡Dalo por hecho, mi buen amigo! –rió Jane sarcásticamente antes de volver a dirigir su atención hacia Pedro.

–Llamarás, y tanto que llamarás –masculló Darlene–. Llamarás. Y cuando lo hagas, desearás haber sido un poquito más simpática conmigo, porque mamá nunca olvida.

Darlene salió del reservado del restaurante con toda la gracia de que es capaz una camionera practicante del safismo, y se fue para ir al encuentro de su único y verdadero amor: la autopista.

Pedro ayudó a levantarse a una bastante insegura Jane.

–Vamos, Jane –le dijo mientras la sostenía–. Conozco un motel al que podemos ir. Esta noche podrás ponerte ciega de queso caliente y pegajoso.

–¡Viva, viva! ¡Pedro sí que sabe cómo preparar el queso fundido! –graznó Jane mientras los dos salían tambaleándose por la puerta.

–¿Alguien de los aquí presentes se ha parado a pensar en qué ocurría realmente en esa historia? –balbuceó

Tom–. ¿Qué hacían los «don nadie» en ese laberinto? ¿Quién puso allí todo ese queso? ¿Qué iba a ser de Cúbrete después de que esa mano enorme lo hubiera sacado del laberinto?

–Pues yo creo que iban a trasladarlo a un nivel administrativo superior en un nuevo laberinto –declaró Mary Lynne.

–¿Quién eres? –le preguntó Tom con cara de pocos amigos–. No te recuerdo del instituto.

–Soy Mary Lynne, vuestra camarera. Lleváis más de una hora largando sin parar. He pensado que ya puestos bien podía escuchar, dado que las probabilidades de que obtenga una propina decente de vosotros parecen ser bastante reducidas.

–Bueno, Mary Lynne, pues te equivocas –dijo Tom–. Está claro que el laberinto era alguna clase de experimento científico. El uso típico del laberinto es el estudio de las ratas, y el queso es la recompensa típica. La presencia de la mano enfundada en el guante de goma lo corrobora

–¿Y qué más da si era un experimento científico? –dijo Mary Lynne–. Cúbrete ganó de todas maneras. Se quedó con todo el queso. Sobrevivió.

–No lo creo –replicó Tom–. En un experimento donde se usan ratas y laberintos, después lo típico es que las ratas sean sacrificadas y se les haga la autopsia a sus cerebros para ver si presentan alguna clase de irregularidad o cambio. Estoy casi seguro de que eso era lo que le iba a ocurrir a Cúbrete. Su victoria no significa nada. Sólo retrasó su muerte unos cuantos minutos.

—Ahora sí que estoy segura de que la propina no va a ser ninguna maravilla —dijo Mary Lynne con un suspiro—. Los pesimistas nunca dan buenas propinas —añadió, y volvió a la barra.

—Disimula hacía bien tratando de escapar del laberinto —insistió Tom—. Puede que no lo consiguiera, pero tenía que intentarlo.

—Pero la huida es imposible, Tom. —Lewis sonrió—. Da igual lo que ocurriera después de que el guante cogiera a Cúbrete, porque ya había vencido. Tenía todo el queso, unos cuantos minutos extra de vida y la satisfacción de la victoria.

—Lo que yo sigo sin entender es qué le veis de malo al laberinto —intervino Brent—. ¿Por qué iba alguien a querer escapar de él?

—¿Qué estás diciendo? —preguntó Lewis. Por primera vez en toda la tarde, parecía realmente desconcertado.

—Mmmmmmmmm —ronroneó Brent, reviviendo su aprendizaje como chico-poni—. Un lugar donde la huida es imposible, donde la resistencia no sirve de nada, donde la suciedad y el dolor son la norma. Yo pagaría por vivir en un sitio así. Perdona, permíteme expresarlo de otra manera... Oye, realmente tengo la sensación de que todos estamos compartiendo cosas y nos estamos abriendo los unos a los otros... Verás, yo he pagado para que me metieran en una mazmorra así. Pagué una buena cantidad de dinero, sólo para saborear el aguijonazo del látigo y beber el dulce néctar dorado de mi neblina...

Brent se calló de repente. Acababa de darse cuenta de que su confesión no había sido tan bien acogida como él esperaba. Sus antiguos compañeros de clase lo estaban mirando con horror.

–¡Oh, Dios mío! ¿Qué he dicho? ¿Qué he hecho? ¡Estoy perdido!

Brent salió corriendo del restaurante, tapándose la cara con las manos entre tenues sollozos.

Los demás se echaron a reír, Tom incluido.

–Bueno, Lewis, tú dices que funciona –dijo después, tratando de dejar de sonreír–. Pero ¿cómo has aplicado la fábula en tu compañía?

–Me alegro de que me lo preguntes –replicó Lewis–. Hay dos maneras de dirigir una compañía de éxito. Puedes ofrecer a trabajadores legales, eficientes y capacitados un salario bajo durante una larga jornada laboral con la tenue promesa de «opciones». Pero tal como está el mercado laboral, más vale que te olvides de eso. O puedes rodearte de los débiles, los estúpidos y los asustados, y explotarlos a conciencia. Yo he optado por el segundo método.

»Para asegurarme de que contaba con los empleados apropiados –siguió diciendo–, di un ejemplar de esta fábula a cada una de las personas que trabajaban en mi compañía. Después fui llamándolos a mi despacho de uno en uno. Los sentaba, los miraba sin decir nada durante un buen rato y luego les preguntaba qué personaje de la fábula los representaba mejor.

»Las personas que respondían Soplo, Lárgate o Cúbrete conservaban su empleo. Las que respondían Disimula eran despedidas al instante.

–¡Jesús! –boqueó Tom.

–Un listillo respondió «el guante de goma». También lo despedí –dijo Lewis–. El guante de goma soy yo.

–¿Por qué los despediste? –preguntó Tom.

–Tom, en mi fábula he dejado perfectamente claro quién es el héroe –dijo Lewis cansadamente–. Mis empleados deberían ser capaces de darse cuenta de que yo quiero que elijan a Cúbrete. Si no pueden hacerlo, o es que son idiotas o es que no me temen. Puedo manejar a los idiotas en mi compañía. De hecho, puedo utilizarlos. Por eso conservé a las personas que se habían identificado con las ratas. Esas personas tienen obvios problemas de autoestima, y no son lo bastante inteligentes para comprender que aunque tenga cuatro personajes, la fábula sólo ofrece dos opciones aceptables: Disimula o Cúbrete.

»Pero en mi compañía no hay sitio para un empleado que no me tema. Mis empleados deberían temblar cuando camino entre ellos, y volver la cabeza para evitar que los mire a la cara y los convierta en estatuas de piedra. Mi compañía funciona así y la dirijo al estilo del Antiguo Testamento.

»Como era de esperar, los empleados que quedaban después de que yo hubiera despedido a una cuarta parte de la plantilla me tenían muchísimo miedo. En cuanto se me ocurría ordenar un cambio, éste era introducido lo más pronto posible. La eficiencia se incrementó de manera espectacular.

»Y no sólo eso, sino que además los empleados se tomaron muy a pecho eso de identificarse con las ratas y empezaron a delatar a sus compañeros de trabajo. Se dieron muchos casos de notas anónimas informándome de violaciones de las normas internas. Así que también despedí a los culpables. En conjunto, eliminé a unos cuantos centenares de personas de nuestra nómina, y nuestras acciones subieron.

Tom estuvo reflexionando unos momentos antes de volver a hablar.

–Pero ¿a qué coste? Las personas tienen la obligación moral de ayudarse mutuamente, y nadie debería ser abandonado para que muriese. Disimula es el único personaje digno de ser imitado. Al menos él intenta resistirse a la situación insostenible del laberinto.

Lewis sonrió.

–La resistencia es inútil, amigo mío. Deberías haber aprendido eso de la historia. Si quieres seguir hablando del tema, llámame y te inscribiré en un curso inspiracional de «consejos útiles» que doy la mayoría de los fines de semana. Pero ahora he de ir a preparar un seminario particular maestro-alumna con nuestra estimada compañera de clase, Candi.

Lewis se levantó y ayudó cortésmente a Candi a separar su silla de la mesa.

–Verás, normalmente cobro trescientos dólares a la hora por mis sesiones de motivación privadas –dijo Lewis.

–Yo también –dijo Candi sonriendo y se fue, con sus firmes nalgas deliciosamente realzadas por su ceñida minifalda de cuero.

–Y estoy seguro de que valen hasta el último centavo –murmuró Lewis.

Se dispuso a seguirla y después miró a Tom, que se había quedado solo en la mesa.

–Oye, Tom, tienes que escoger qué personaje vas a ser. Pero te diré una cosa: si escoges a Disimula, o morirás de hambre o tus amigos terminarán matándote.

Cosas de la vida, amigo. Así que cuando escojas, procura escoger sabiamente. Hasta luego.

Tom siguió sumido en un silencio apenado.

Mary Lynne fue hacia él y le entregó la cuenta. Tom la miró y vio que ascendía a más de doscientos dólares. Y nadie había dejado ni una sola moneda antes de irse. Entonces comprendió que acababa de recibir un regalo kármico. Aquél era uno de esos momentos definitorios en los que tenía que escoger qué personaje de la fábula quería ser.

Escogió a Lárgate.

AGRADECIMIENTOS

Gracias a mi director de publicaciones, Geoff Kloske, y a Karen Brown y a la pornografía de Internet. Cada uno a su manera, todos significáis muchísimo para mí. Ojalá dispusiera de más tiempo de calidad para pasarlo con cada uno de vosotros.